J'ADOPTE UN CHIEN

David Meyer, Abbie Moore et Dr Pia Salk

MARABOUT

SOMMAIRE

COMPORTEMENT

DRESSAGE

SOINS

INTRODUCTION

Bienvenue dans le monde des propriétaires de chiens ! Si ce sont vos premiers pas dans cet univers, vous allez découvrir pourquoi on dit de lui qu'il est « le meilleur ami de l'homme » !

Nous avons conçu ce livre pour vous aider à trouver le chien qui vous conviendra le mieux et pour vous donner les moyens de construire avec lui la plus belle relation possible. C'est en le comprenant mieux que vous pourrez nouer avec lui des liens solides qui dureront toute la vie.

Les animaux de compagnie embellissent nos vies, mais l'inverse est tout aussi vrai. Ils nous rappellent nos liens étroits avec la nature et nous gratifient d'un amour inconditionnel. En tant qu'êtres humains, nous avons la responsabilité de les traiter avec affection, respect et compassion. Et comme toute personne ayant déjà vécu avec un chat ou un chien (ou n'importe quel autre animal de compagnie) vous le dira, votre compagnon vous le rendra au centuple ! Un chien peut aider un enfant timide à acquérir de l'assurance, apporter de la joie dans les familles, réconforter et aider les personnes malades, handicapées ou isolées. Et, en échange, votre animal n'attend de vous que de l'affection et les soins qui lui permettront de vivre en sécurité et en bonne santé.

Asseyez-vous donc tranquillement pour découvrir cet ouvrage. Vous trouverez dans les pages qui suivent des informations précieuses qui vous aideront à mieux comprendre votre chien et à améliorer votre relation avec lui. Comme toute relation, sa réussite sera à la mesure de votre investissement ! Alors, lancez-vous !

Nous vous souhaitons de grands bonheurs partagés.

David Meyer,
Abbie Moore
et Dr Pia Salk

LES BASES

> « Peu importe que vous ayez peu d'argent et disposiez de peu de biens, vous serez riche de la compagnie de votre chien. »
>
> LOUIS SABIN

Vous connaissez le proverbe selon lequel le chien est le meilleur ami de l'homme ? Pour que cet adage devienne réalité, n'oubliez jamais que l'amitié est à double sens. Il est importent de comprendre votre chien d'un regard. Vous devrez assurer ses besoins et trouver des activités que vous aurez plaisir à partager. Pour bâtir une relation magnifique avec votre chien, il est essentiel de comprendre qui il est et ce dont il a besoin pour être heureux.

La race d'un chien n'est pas aussi essentielle que vous l'imaginez. Il est important de comprendre que, bien que les races soient composées de chiens présentant des caractéristiques communes (une grande énergie, un goût pour la nage, etc.), tous les chiens, de race ou non, sont des individus. Leurs comportements et leurs besoins seront aussi différents que ceux de deux personnes données, qui auront des singularités même si elles appartiennent à la même famille. Tout comme les humains, les chiens présentent des personnalités différentes, même s'ils sont issus de la même fratrie. Et, tout comme chez les humains, la personnalité d'un chien est influencée par son environnement, son âge et sa nature unique. Lorsque vous observez un chien, essayez de ne pas voir un caniche ou un chihuahua, mais un individu. Ce chien est-il affectueux ? Est-il énergique ? Aura-t-il besoin de beaucoup de place ?

Accueillir un chien dans votre vie vous apportera des années de bonheur à vous et à votre famille, mais s'accompagnera aussi de responsabilités. Vous devrez avoir les moyens financiers d'acheter tout le nécessaire. Vous aurez besoin de temps pour le sortir et lui donner l'affection et l'attention qu'il attend. Vous devrez vous organiser pour le faire garder si vous voyagez. Toutes ces responsabilités dureront, non pas un mois ou un an, mais pendant toute la vie de votre chien.

001 TROUVER SON FUTUR MEILLEUR AMI

Si vous trouvez qu'il est difficile de se faire des amis, il est temps que vous rencontriez votre chien. En l'accueillant dans votre famille, vous gagnerez bien plus qu'un animal de compagnie loyal. Sans parler de l'amour inconditionnel que les chiens offrent à leur famille d'adoption, de nombreuses études montrent que leurs propriétaires sont généralement en meilleure condition physique et vivent plus longtemps que ceux qui n'en ont pas. Faire de l'exercice avec son chien permet de préserver un poids de forme, réduit la pression sanguine et améliore la santé cardio-vasculaire. Sur le plan psychologique, détenir un chien renforce l'estime de soi et réduit les risques d'affections mentales comme la dépression. Le nombre croissant de chiens dans les hôpitaux, les prisons ainsi que les maisons de retraite témoigne de ces bénéfices thérapeutiques.

Les seniors ayant des chiens sont moins stressés et souffrent moins de la solitude, se nourrissent mieux et sont plus enclins à se focaliser sur le présent. Sortir son chien active le système nerveux parasympathique, qui apporte calme et repos corporel. Avoir un chien peut aider à se faire des amis : ces animaux adorent rencontrer leurs congénères, encourageant ainsi leurs maîtres respectifs à faire connaissance. Quant aux enfants, ils aiment instinctivement les chiens.

Voici donc quelques-uns des avantages à ramener un chien à la maison.

LES 10 GRANDS AVANTAGES

- Les enfants qui grandissent avec des animaux domestiques ont moins de risques de développer des allergies et de l'asthme.
- Des recherches récentes montrent que jouer avec un chien contribue à abaisser la pression artérielle.
- Les enfants ayant des animaux dometiques jouent plus dehors et en retirent des bénéfices pour leur santé.
- Les propriétaires de chiens vont moins souvent chez le médecin.
- Lorsqu'ils apprennent à lire, c'est à leur animal de compagnie que les enfants font le plus volontiers la lecture à voix haute.
- Soigner un animal est une bonne façon de prendre des responsabilités et de s'occuper des autres.
- Nourrir et prendre soin d'un animal favorise les liens sociaux et l'estime de soi.
- S'occuper ensemble d'un chien et l'entourer d'une affection commune forge un lien supplémentaire entre les frères et sœurs d'une famille.
- Caresser un animal réduit le stress, l'isolement et l'anxiété.

002 SE FAIRE UN AMI POUR LA VIE

N'oubliez jamais qu'un chien, c'est pour la vie. En échange de sa dévotion inconditionnelle, vous devez vous engager à prendre soin de lui toute sa vie durant. Attendez-vous à ce que votre chien modifie d'autres facettes de votre vie dans les 15 années à venir, si vous prenez un chiot. Si vous ne pouvez vous engager que pour quelques années, adoptez un chien plus âgé. Son bien-être pèsera dans toutes sortes de décisions (voyage, vie sociale, déménagement, adoption d'autres animaux, avoir des enfants). Ne prenez jamais un chien sur un coup de tête. Faites soigneusement vos recherches et considérez tout ce qu'implique la décision. Le fait que vous lisiez ce livre est déjà un très bon signe ! Et, surtout, n'offrez jamais un chien comme cadeau surprise !

003 VÉRIFIER LES RÈGLES

En France, un propriétaire ne peut pas interdire a priori à son locataire la détention d'un animal de compagnie. En revanche, après coup, il peut prendre des mesures si le chien commet des dégâts.

004 CRÉER UN ENVIRONNEMENT SÛR

Mettez sous clé tous les poisons et substances dangereuses que votre chien pourrait croiser et dissimulez les fils électriques susceptibles d'être mâchouillés par un chiot. Si vous disposez d'un espace extérieur pour votre animal, assurez-vous qu'il y ait beaucoup d'ombre, un accès à de l'eau potable et aucun moyen pour votre animal de fuguer. Chaque année, de nombreux animaux sont perdus, blessés voire tués parce que leurs propriétaires n'avaient pas pris suffisamment de précautions pour assurer leur sécurité à la maison.

005 CHOISIR UN CHIEN ADAPTÉ À SON STYLE DE VIE

Pour trouver le compagnon le mieux adapté à votre mode de vie, vous devez vous demander ce que serait pour vous le chien idéal. Avez-vous besoin d'un chien calme, gentil avec les enfants ? Recherchez-vous un complice plein d'énergie pour courir ? Peut-être avez-vous besoin d'un animal qui s'entendra avec ceux que vous avez déjà : chien, chat, lapin ou bien d'autres ! Les refuges pour animaux de votre région regroupent des experts qui pourront vous aider à trouver le chien qu'il vous faut. Mais vous devez d'abord penser à la taille, à l'âge et au niveau d'énergie qui conviendront le mieux à votre situation et à votre style de vie.

006 TROUVER LE CHIEN IDÉAL POUR SES ENFANTS

Introduire un nouvel animal de compagnie auprès de ses enfants ne se fait pas sans appréhension. Mais rassurez-vous, des spécialistes peuvent vous guider à chaque étape. Voici cependant quelques conseils de base pour vous assurer que le chien que vous ramènerez s'adaptera bien chez vous.

ÉDUQUER SES ENFANTS Tout le monde connaît l'importance du dressage, essentiel pour créer une bonne relation avec son chien, mais il est tout aussi important d'apprendre à vos enfants à interagir avec lui en toute sécurité. Avant de ramener un animal à la maison, assurez-vous que vos enfants savent comment se comporter face à un nouveau chien : tendre la main, avec la paume vers le sol, et permettre au chien de les approcher et de les renifler. Si le chien donne son accord (queue qui frétille, léchouilles, aucun signe d'agressivité, de peur ou de nervosité), l'enfant le caressera sur le flanc plutôt que sur la tête. Vous découvrirez plein d'autres conseils dans les pages qui suivent, mais la règle d'or est simple : enseignez à vos enfants à traiter les animaux avec respect et gentillesse.

OPTER POUR UN ADULTE Les chiots sont adorables, mais ce n'est pas l'idéal avec de très jeunes enfants. Ils s'emparent des petites mains et y plantent leurs dents pointues. En outre, on ne peut pas toujours préjuger de l'évolution d'un chiot. Lorsque vous adoptez un chien plus âgé, vous savez précisément à quoi vous en tenir. Il est plus simple de constater qu'un chien adulte s'entend bien avec les enfants que d'extrapoler sur l'évolution d'un chiot.

ADOPTER DANS UN REFUGE Les animaux à adopter sont souvent mis en situation avec des enfants et d'autres animaux : les responsables des refuges ont alors une très bonne idée de leur personnalité.

ÊTRE RESPONSABLE Si vous adoptez un animal pour vos enfants, ayez conscience de vos responsabilités. Une fois passée l'excitation première, les enfants se désintéressent vite de ce qui est nouveau, animaux y compris. En définitive, c'est sans doute vous qui aurez l'essentiel de la charge de cet animal.

007 RECHERCHER LE COLOCATAIRE IDÉAL

Vous vivez en appartement mais avez envie d'un chien ? Pas de problème ! En ville, la plupart des gens vivent en appartement et cela ne les empêche pas d'avoir des chiens. Cela ne devrait pas être rédhibitoire, même s'il y a quelques éléments à prendre en considération.

BRUIT Vous aurez peut-être besoin de dresser votre chien pour qu'il n'aboie pas tout le temps et ne dérange pas vos voisins en votre absence. C'est là qu'une adoption dans un refuge fera toute la différence car les tendances de l'animal seront déjà bien connues.

EXERCICE Votre chien devra pouvoir sortir pour se dégourdir les pattes et faire ses besoins. Si vous n'avez pas une cour à laquelle il pourra avoir accès en votre absence, l'idéal serait de pouvoir le faire garder ou visiter par un proche durant vos longues journées de travail et vos vacances.

TAILLE La taille a son importance, mais gardez l'esprit ouvert en cherchant votre colocataire canin. De nombreuses races de grande taille s'adaptent très bien en appartement : c'est le cas des grands danois et des lévriers anglais. Ils ont beau avoir une taille imposante, ces chiens sont généralement ravis de rester affalés sur un canapé en appartement, du moment qu'ils passent suffisamment de temps dehors chaque jour. À l'inverse, certains petits chiens (Jack Russel, par exemple) débordent d'énergie et ont besoin d'énormément d'exercice.

008 PRENDRE LA MESURE DE SON NOUVEL AMI

Même si la taille n'est pas le critère décisif lorsque vous faites votre choix, vous devez cependant considérer les avantages et les inconvénients d'avoir un imposant mastiff ou un petit teckel. Les gros chiens prennent davantage de place (au moins sur le canapé et dans la voiture !), ont besoin de niches ou de caisses plus grandes, ont de plus gros appétits (et reviennent donc plus chers) et vous devrez en consequence gérer des déjections de tailles proportionnelles. Les très gros chiens vivent moins longtemps que les petits. Malgré leurs nombreux avantages, les petits chiens ont de fortes personnalités et aboient pour vous rappeler – ainsi qu'à vos voisins – leur présence. Les chiens très petits se blessent plus facilement en se mettant malencontreusement dans les jambes d'une maisonnée qui s'agite.

POUVOIR PORTER SON ANIMAL En cas de maladie ou de blessure, pourrez-vous le transporter jusqu'à la voiture ou un taxi ou le déposer sur un drap et demander l'aide d'un voisin ?

APPRÉCIER SA FORCE Même les chiens bien dressés peuvent s'exciter et tirer sur leur laisse s'ils voient passer un chat devant eux. Vous devrez avoir suffisamment de force pour retenir la laisse et assurer la sécurité de votre chien face à d'éventuelles voitures… et celle du chat.

CONNAÎTRE LES RÈGLES Même si une copropriété ne peut pas vous interdire de détenir un chien, il est toujours bon de vérifier que vous respectez les règles de bon voisinage, surtout si votre logement comporte des parties communes.

DÉPENSER SAGEMENT Les gros chiens mangent plus ! Vous ne serez pas surpris d'apprendre qu'un grand danois mange dix fois plus qu'un Yorkshire terrier. N'oubliez cependant pas que les chiens les plus actifs, même relativement petits, ont aussi besoin de beaucoup d'énergie, ce qui signifie beaucoup de nourriture. L'équipement destiné aux plus gros chiens (colliers, laisses, harnais, lits) est aussi plus cher.

QUE PENSER DE ?

LES PLUS GROS CHIENS ONT TOUJOURS BESOIN DE PLUS D'ESPACE

Même si les plus gros chiens prennent plus de place sur le tapis ou le canapé, c'est leur niveau d'énergie qui détermine leur espace nécessaire pour jouer et courir. Un grand danois, avec son faible niveau d'énergie, peut vivre heureux dans un petit appartement en faisant deux ou trois sorties par jour. Un Jack Russel pourra avoir besoin de passer plusieurs heures par jour dans un parc pour ne pas avoir envie d'escalader les murs tous les soirs ! L'énergie n'est pas seulement déterminée par la taille et la race, mais aussi par l'âge. Les chiens plus âgés apprécient de longues périodes de repos et des promenades plus courtes.

009 LE PROBLÈME DES ALLERGIES

Certaines races de chien conviennent-elles mieux aux personnes allergiques ? Oui… et non. Se dire « allergique aux chiens » est très vague. Avant d'adopter un chien, déterminez si vous êtes allergique aux squames, à la salive ou à l'urine. Si vous êtes allergique à la salive et obtenez l'accord de votre médecin pour prendre un chien, recherchez un animal qui ne lèche pas les gens. Il existe aussi beaucoup de chiens qui sont faiblement allergènes.

CHIENS PLUS ÂGÉS Si vous êtes allergique à la salive animale, vous aurez intérêt à préférer un chien plus âgé dont les comportements en la matière peuvent être maîtrisés, contrairement à un chiot qui va lécher tout ce qui va se trouver sur son passage et qu'il faudra dresser. Lavez-vous les mains après avoir joué avec votre chien, surtout si vous avez touché des jouets qu'il met dans sa gueule.

CHIENS FAIBLEMENT ALLERGÈNES Si vous êtes allergique aux squames, vous pourrez tolérer des chiens faiblement allergènes, tels que le bedlington et le schnauzer. Le pelage de ces chiens ressemble plus à des cheveux qu'à de la fourrure et ils perdent peu leurs poils. Leur pelage, qui pousse constamment, exige cependant de fréquents toilettages.

CHIENS DE RACES MÉLANGÉES De nombreux chiens de races mélangées conviendront bien aux personnes allergiques aux squames animales. C'est le cas de la plupart des caniches de races mélangées. Il existe actuellement un engouement pour certains croisements qui ont donné les cockapoo (cocker/caniche), jackapoo (Jack Russel/caniche, labradoodle (labrador retriever/caniche), etc.

CHIENS NUS Les races de chiens nus, telles que le terrier nu américain ou le chien chinois à crête, conviennent aussi très bien aux personnes allergiques. À l'évidence, ces races s'accommodent moins bien des climats rigoureux.

Si vous êtes allergique, vous avez donc de multiples possibilités, ce que vous confirmeront les éleveurs, vétérinaires ou les refuges que vous consulterez.

010 TROUVER LE BON PARTENAIRE POUR COURIR

Si tous les chiens ont besoin d'exercice pour être heureux et en bonne santé, tous n'ont pas le physique ou l'énergie pour être de bons partenaires de course. Certains chiens peuvent courir sur de courtes distances, d'autres sont des sprinters, d'autres encore sont équipés pour des marathons. En tout état de cause, votre chien saura vous montrer quand il est fatigué. N'oubliez pas d'apporter de l'eau et une gamellle, et prêtez attention à l'apparition de tout signe de fatigue. Ne poussez jamais votre chien. N'oubliez pas non plus que seuls les chiens adultes peuvent courir sur de longues distances ou à grande vitesse. Chez un jeune chien, des problèmes articulaires pourraient survenir, ce qui l'handicaperait toute sa vie.

LES GRANDS SPORTIFS Les chiens de races mélangées font d'excellents partenaires de course. Tous les chiens en bonne santé peuvent l'être, à l'exception des races à truffe courte (comme le terrier de Boston ou le bulldog).

PARTENAIRES DE JOGGING*

- Berger australien
- Beagle
- Vizsla
- Golden retriever
- Pitbull américain
- Labrador
- Colley à poil long
- Rhodesian ridgeback

PARTENAIRES DES LONGUES COURSES*

- Braque de Weimar
- Caniche
- Dalmatien
- Border collie
- Jack Russel terrier
- Bouvier australien
- Husky de Sibérie
- Berger belge

*Les chiens de races mélangées similaires conviennent tout aussi bien.

011 PRENDRE DU TEMPS POUR LE NOUVEAU VENU

Lorsque vous accueillez un nouveau chien à la maison, comptez sur une période d'adaptation pendant laquelle vous devrez relever certains défis. Cela est vrai si vous adoptez un chien déjà dressé, mais encore plus s'il s'agit d'un chiot. Dans un premier temps, le chiot va se languir de sa mère et de sa fratrie, même si son adaptation devrait se faire rapidement. Pendant les premières semaines, passez un maximum de temps chez vous pour prendre soin du nouveau membre de la famille, pour commencer à le dresser et à nouer une amitié qui durera toute la vie.

012 FAIRE FAIRE DE L'EXERCICE À SON CHIEN

Promenez votre chien en fonction de ses besoins individuels et n'oubliez pas que tous les chiens ont besoin d'exercice pour être heureux, « sages » et en bonne santé. Un chien qui ne bouge pas assez ou s'ennuie pourra provoquer des désastres dans la maison. Si vous avez de longues journées de travail, arrangez-vous pour que quelqu'un puisse s'en occuper en votre absence. Pour la stimulation mentale, aménagez du temps pour jouer dehors et à la maison, et, surtout, passez chaque jour un peu de temps à caresser votre chien et à lui parler. Si vous avez plusieurs chiens, ils se stimuleront mutuellement en jouant et en interagissant les uns avec les autres.

013 INVESTIR DANS L'ESSENTIEL

Rendez-vous dans la boutique d'accessoires pour chiens la plus proche ou sur Internet pour acquérir l'équipement indispensable avant l'arrivée de votre chien. Offrez-lui un endroit confortable pour dormir ainsi que des écuelles et des bols. Sélectionnez des ustensiles de base pour le toilettage : une brosse, un peigne à dents larges ou fines, selon le pelage de votre animal. Votre chien devra avoir quelques jouets et, le plus important, une laisse, un collier ainsi qu'une plaque d'identification.

COLLIER ET LAISSE Votre chien doit porter constamment un collier parfaitement ajusté. La laisse est essentielle pour les sorties et le dressage. Vous les trouverez dans une grande variété de styles et de matériaux.

PLAQUE D'IDENTIFICATION Une plaque d'identification gravée avec votre numéro de portable doit accompagner votre chien partout pour assurer un prompt retour s'il se perdait.

PANIER Les paniers en osier et en tissu peuvent être très décoratifs, mais n'oubliez pas qu'ils seront moins jolis une fois que votre chien les aura mâchouillés pendant quelques jours. Optez pour un panier en plastique si vous pensez qu'il sera mordillé, ce qui est certain si vous prenez un chiot !

POUFS Les poufs conviennent bien car ils sont légers, confortables et gardent la chaleur corporelle. Ils sont souvent dotés de housses amovibles et donc aisément lavables. Un pouf est un excellent panier d'appoint que vous pouvez transporter avec vous au bureau ou dans la cuisine.

BOLS ET GAMELLES Les bols et gamelles sont proposés dans des matériaux et des tailles variés. Les récipients en acier inoxydable dotés d'un cerceau en caoutchouc pour empêcher la glisse sont pratiques, mais une lourde gamelle en céramique conviendra mieux aux gros chiens pleins d'énergie. Faites votre choix en fonction de la taille de votre animal.

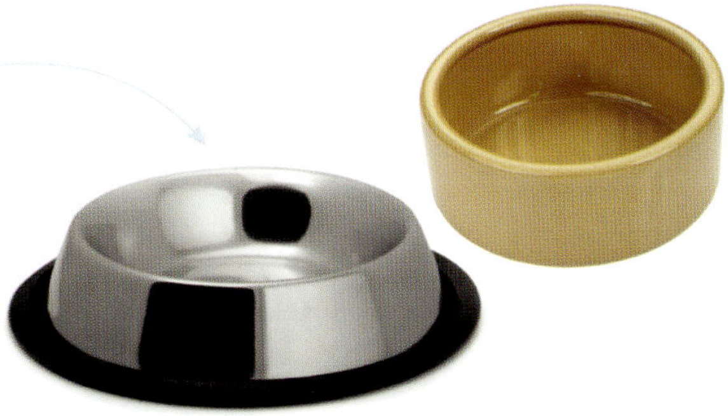

KIT DE BROSSAGE Les brosses et peignes en métal sont adaptés aux poils longs, les brosses en soie naturelle aux poils courts. Assurez-vous que vous possédez l'accessoire adapté au pelage de votre animal.

JOUETS À MASTIQUER Les chiens peuvent s'amuser des heures avec des jouets à mastiquer. Assurez-vous que ces jouets sont adaptés à la taille de votre chien et qu'il ne risque pas de les avaler. Les chiens adorent les jouets sonores, mais si vous craignez de devenir dingue, vous pouvez limiter leur usage à l'extérieur ou à une courte période dans la journée.

CAISSE DE TRANSPORT Si elle n'est pas indispensable, une caisse peut procurer réconfort et sécurité à votre chien. Vous l'équiperez d'un matelas qu'il ne pourra mettre en pièces et d'un bol d'eau. Votre chien doit pouvoir tenir debout et se retourner sans problème.

014 PENSER AUX COÛTS

Lorsque vous vous apprêtez à prendre un animal, il est essentiel de savoir à l'avance ce que vous pouvez assumer financièrement, sans oublier les impondérables. Être un bon maître exige de vous bien des investissements qui n'ont rien à voir avec l'argent : qu'il s'agisse de temps ou d'affection, cela aura aussi un coût. Pensez à votre investissement en fonction du type de chien que vous voulez adopter. Hormis le coût des accessoires de base, qui peuvent s'élever à quelques centaines d'euros, vous aurez des frais de nourriture et de vétérinaire. Enfin, mettez de l'argent de côté pour pouvoir faire face à toute urgence vétérinaire, au dressage ou aux frais de pension ou de transport de votre animal si vous voyagez.

015 ÉQUIPER SON ANIMAL

Votre cour n'est peut-être pas aussi sûre que vous le pensez, ou quelqu'un peut laisser une barrière ouverte : il ne faut alors que quelques instants à votre chien pour se retrouver hors de chez vous et en danger. Vos voisins le retrouveront peut-être, mais ils ne pourront vous contacter que s'ils vous connaissent déjà. Il est donc essentiel d'acheter une plaque d'identification et d'y faire graver votre numéro de portable et peut-être celui de votre vétérinaire. Mais ces plaques peuvent tomber : votre chien devra donc aussi être doté d'une puce électronique qui sera scannée pour obtenir toutes les informations nécessaires pour vous contacter. Le tatouage ou la puce sont par ailleurs obligatoires.

016 OPTER POUR UN ADULTE

On pense souvent que prendre un chien signifie forcément adopter un chiot. Les chiots font craquer tout le monde, mais cela ne dure pas et, pendant trois ans, ils acquièrent leur taille adulte tout en se comportant comme des petits. Élever un chiot est un travail considérable et vous n'avez aucune garantie sur la personnalité du futur adulte. En adoptant un chien adulte, vous voyez et savez tout de suite à quel type d'animal vous avez affaire. Sa taille ne changera pas et sa personnalité est alors pleinement développée. Vous pouvez constater si l'animal est amical, joueur, s'il aime les enfants et les autres animaux, s'il est dominant ou soumis. Contrairement à l'idée reçue, là où le chiot est imprévisible, l'adulte est, lui, sans mauvaise surprise.

017 ADOPTER UN BÂTARD

On tend à aborder les chiens en termes de race, et avec raison puisqu'il en existe des centaines. Pourtant, de plus en plus de gens trouvent leur bonheur avec un bâtard. Les chiens de races mélangées ou bâtards tendent à être génétiquement plus sains que les animaux de race, ce qui signifie une meilleure qualité de vie pour l'animal et moins de dépenses chez le vétérinaire. Ces chiens ont souvent des caractères plus souples, dépourvus du comportement obsessionnel d'animaux qui, depuis des décennies, sont élevés pour accomplir des tâches précises. Ces chiens-là ont souvent des couleurs de robe et des traits que vous ne retrouverez nulle part ailleurs. Ils sont vraiment uniques !

018 SAUVER UN CHIEN DE RACE

Il est avisé d'observer la personnalité d'un animal plutôt que de faire des conjectures basées sur sa race. Cependant, certaines personnes sont attachées à l'allure ou aux traits d'une race en particulier. Vous avez la possibilité de faire d'une pierre deux coups en adoptant un chien de race abandonné. N'importe qui, même le propriétaire d'un chien de race, peut être confronté à une situation qui l'oblige à trouver un nouveau foyer pour son compagnon, si bien que beaucoup de chiens de races finissent dans un refuge. Si cette idée vous plaît, faites donc des recherches sur les sites internet des refuges et des organismes de protection animale de votre région, en recherchant cette race que vous aimez tant.

019 LA RELATION CHIEN / CHAT

Si de nombreux chiens s'entendent bien avec les chats, il y a tout de même quelques règles à respecter lorsque l'on ramène un chien à la maison. D'abord, vous devrez nourrir votre chat sur un rebord de fenêtre ou derrière une porte fermée, afin que le chien ne mange pas sa gamelle. La nourriture pour chats n'est pas bonne pour les chiens et peut provoquer des maux d'estomac. Ensuite, vous devrez orienter (ou couvrir) la litière du chat de telle façon que le chien ne puisse y accéder, voire qu'il ne mange les excréments, ce que certains apprécient (qui l'eût cru ?!). Enfin, coupez les griffes du chat afin qu'il ne blesse pas les yeux ou le museau de votre chien d'un coup de patte.

020 ADOPTER UN ANIMAL ET SAUVER UNE VIE

N'importe quel chien peut se retrouver dans un refuge sans que cela ait quoi que ce soit à voir avec son caractère. Ce sont souvent des déménagements, des pertes d'emploi ou des maladies qui aboutissent à l'abandon. Donner un foyer à un animal est une sensation incroyable, d'autant plus si vous accueillez un chien qui a été abandonné. Les propriétaires qui adoptent en refuge disent très souvent qu'ils ont l'impression que leur chien est plus loyal et comme conscient, reconnaissant d'avoir été adopté alors qu'il était dans le besoin. Adopter un chien n'a jamais été aussi simple : il suffit de suivre ces quatre étapes pour trouver le compagnon fidèle qu'il vous faut.

ÉTAPE N° 1 Sans bouger de chez vous, commencez par rechercher sur Internet tous les refuges, organismes et associations animales de votre région.

ÉTAPE N° 2 Une fois que vous avez repéré un chien qui vous plaît, contactez l'organisme où il se trouve et allez le rencontrer. À cette étape, il vaut mieux ne pas amener vos enfants qui risqueraient d'être déçus si l'animal s'avérait finalement ne pas convenir.

ÉTAPE N° 3 Certains organismes vous demanderont de remplir un formulaire et une personne pourra se déplacer chez vous pour s'assurer que toutes les conditions de sécurité sont remplies avant l'adoption d'un animal.

ÉTAPE N° 4 Si le chien que vous avez repéré peut être adopté, amenez vos enfants pour vérifier leur compatibilité. Si tout se passe bien, vous aurez des frais à régler couvrant les dépenses faites pour l'animal qui incluent souvent les vaccins, la stérilisation/castration, et l'insertion d'une puce. Puis, vous pourrez enfin emmener votre nouveau compagnon à poils à la maison et une nouvelle vie commencera pour lui et pour toute la famille !

021 CHERCHER AU BON ENDROIT

Vous pouvez donc commencer vos recherches sur Internet ou en allant visiter un refuge, une association ou un organisme de protection animale proche de chez vous. Vous y trouverez des animaux en excellente santé, de tous les âges, de toutes les carrures et de toutes tailles, qui attendend d'être adoptés. Vous pourrez rencontrer des professionnels capables de répondre à vos questions. Les animaux présents dans les refuges sont généralement tous vaccinés et pucés, mais c'est à vous de vérifier si c'est bien le cas de celui que vous avez choisi.

022 SE RENSEIGNER SUR UN REFUGE PROCHE

Quel que soit le nom du refuge proche de chez vous, oubliez l'image déprimante présentée dans *La Belle et le Clochard* ! Il est vrai que de nombreux refuges situés en ville débordent de pensionnaires. Comme il y a bien souvant plus d'animaux qui entrent que d'animaux retrouvés ou adoptés, le recours à l'euthanasie s'impose dans certains cas : c'est une réalité difficile à accepter. Néanmoins, de nombreux refuges modernes sont clairs, propres, agréables et remplis d'animaux qui attendent que des personnes comme vous viennent les adopter !

PRENDRE SON TEMPS Tandis que les refuges connaissent très bien le passé de certains pensionnaires, celui d'autres en revanche leur reste inconnu. C'est pour cette raison qu'il est important d'apprendre à connaître le chien que vous envisagez d'adopter. Une fois que vous en avez trouvé un qui vous plaît, faites venir votre famille et passez beaucoup de temps sur place. Observez la façon dont l'animal interagit avec chacun des membres de la famille.

FAIRE LE BON CHOIX De nombreux refuges sont gérés par des volontaires qui aident le public mais vérifient rarement l'adéquation de l'animal avec sa famille d'accueil. Ce sera à vous de faire le bon choix.

FAIRE PREUVE DE PATIENCE Préparez-vous à passer les premiers mois à découvrir l'animal que vous avez ramené chez vous. Vous pourrez avoir besoin de recourir aux services d'un dresseur professionnel ou à une personne de votre entourage qui s'y connaît pour aider votre animal à s'adapter, surtout si vous avez des enfants ou d'autres animaux. Vos efforts et votre patience seront récompensés.

CONSULTER SON VÉTÉRINAIRE Même si votre nouvel animal semble en pleine forme, faites-lui faire un examen complet par votre vétérinaire afin de savoir si vous n'aurez pas à soigner une petite infection ou maladie qu'il pourrait avoir contractée durant son séjour au refuge.

023 OPTER POUR UN CHIEN COURANT

Depuis des siècles, les chiens courants ont été élevés pour leur vitesse et le lévrier, le chien le plus rapide du monde, peut accélérer jusqu'à 72 km/h !

Ces chiens sont incroyablement placides et n'ont besoin que de courtes sorties quotidiennes, adorant paresser à la maison, affalés sur le tapis. Ces chiens ne conviendront pas aux personnes inexpérimentées en la matière, car leur instinct de chasseur est particulièrement développé et il faut donc savoir gérer leur comportement à l'égard des petits animaux.

024 VISITER LE REFUGE PRÈS DE CHEZ VOUS

Comme vous le savez, les refuges, associations et organisations pour la protection des animaux sont indépendants les uns des autres. Ils ont donc chacun leurs règles et leurs modes de fonctionnement. Certaines associations ne peuvent accepter un nouvel animal que si une place se libère et organisent l'accueil provisoire dans des familles. En plaçant temporairement un animal, on apprend ainsi à connaître son tempérament et ses habitudes. Certains refuges acceptent tous les animaux, ce qui signifie que leurs responsables connaîtront bien certains chiens et peu, voire pas du tout, d'autres bêtes récemment arrivées dans les lieux.

025 RECHERCHER UNE FONDATION

Il existe de nombreuses fondations, associations et organismes privés qui recueillent les animaux et qui, au moment de l'adoption, vous demanderont donc une somme correspondant aux soins et à la nourriture donnés à cet animal. On vous demandera de remplir un formulaire d'adoption, un entretien aura lieu, généralement suivi d'une visite à votre domicile pour évaluer l'adaptabilité de votre lieu de vie ainsi que de votre environnement pour l'animal que vous souhaitez adopter. Les prix exigés pourront vous sembler élevés mais, en échange, vous aurez un animal dont l'histoire médicale et le comportement sont déjà bien connus. Vous bénéficierez en outre de la possibilité de rapporter l'animal s'il ne parvenait pas à s'adapter à vous ou vous à lui. Chaque organisme ayant ses règles, renseignez-vous soigneusement avant toute prise de décision.

026 ÉVITER LES SALONS D'ADOPTION

Il faut se méfier des salons d'adoption et de certaines animaleries. La traçabilité des chiens y est problématique, beaucoup étant issus d'élevages des pays de l'Est, qui font énormément de trafic de chiens depuis quelques années. Il en résulte des problèmes de santé pour les chiens (on se retrouve parfois avec des animaux porteurs de maladies qu'on avait éradiquées, comme la rage par exemple, disparue en France mais présente dans ces pays). Il est recommandé de visiter l'élevage afin de vérifier les conditions d'hygiène et de vie des animaux, et de demander conseils à un vétérinaire en cas de doutes.

027 CHOISIR UN NOM

Vous aurez beaucoup de plaisir à trouver un nom à votre animal et pourrez laisser libre cours à votre imagination sans vous soucier d'éventuelles moqueries ou des reproches d'autres membres de la famille. Si vous voulez faire preuve de créativité, attendez de bien connaître la personnalité de votre animal. Le rottweiler croisé que vous allez appeler Destructor risque d'être plus proche du Biscuit ! Rappelez-vous que le nom choisi doit pouvoir être crié sans problème dans le parc par tous les membres de la famille. Devoir rappeler son chien en criant « Cléopâtre » ou « Choupinet », risque de largement dépasser ce qu'un ado peut supporter !

ÉVITER LES CONFUSIONS Si vous éduquez votre chien au rappel, choisissez un nom court, facile à crier à distance. Évitez les noms qui pourraient ressembler à un ordre.

SOURIRE Lorsque vous appelez votre chien, souriez et vous aurez plus de chance qu'il vous réponde !

ANTICIPER Choisissez un nom qui conviendra aussi à un animal adulte. « Plume » pourra sembler idéal à l'arrivée de votre chiot, mais lorsqu'il se sera transformé en une bête de 36 kilos, ce sera nettement moins adapté !

CHANGER DE NOM Si vous adoptez un animal dont le nom vous plaît, gardez-le. Dans le cas contraire, le renforcement positif est une excellente façon de l'habituer à répondre à son nouveau nom.

CHERCHER L'INSPIRATION Si vous cherchez l'inspiration, parcourez donc la centaine de possibilités proposée ici ou faites une recherche sur Internet pour des centaines d'autres !

TRADITIONNEL	MIGNON	POP	COSTAUD	FOODY	LITTÉRAIRE
Bella	Bianca	Bono	Apache	Bagel	Achille
Bonnie	Bijou	Bowie	Arnold	Berlingot	Argos
Buddy	Candy	Blondie	Brutus	Biscotte	Athéna
Buster	Chipie	Britney	César	Bo Bun	Atlas
Coco	Coco	Clooney	Champion	Choco	Bilbo
Cody	Daisy	Dylan	Chef	Chocolat	Beaudelaire
Charlie	Frimousse	Elton	Coyote	Caramel	Dante
Duke	Froufrou	Elvis	Diesel	Chouchou	Gandalf
Junior	Keiko	Kiefer	Goliath	Chouquette	Gatsby
Lady	Lila	Gaga	Hercule	Cookie	Matisse
Lucky	Louna	Madonna	King	Gaufrette	Platon
Maggie	Lulu	Marilyn	Rambo	Loukoum	Roméo
Milou	Mirza	Marley	Rex	Myrtille	Sherlock
Monty	Pompon	Ozzy	Spike	Noodle	Ulysse
Napoléon	Susie	Prince	Terminator	Praline	Vénus
Paulette	Toufou	Rihanna	Thor	Pudding	Voltaire
Pompadour	Toupie	Ringo	Xena	Salami	Wagner
Max	Zébulon	Zappa	Zeus	Sésame	Zola

028 PRÉSENTER AU CHIEN SA NOUVELLE MAISON

La façon dont vous allez présenter votre chien à sa nouvelle maisonnée est essentielle pour qu'il se sente à l'aise et s'adapte bien. Si vous avez d'autres chiens, laissez-les faire connaissance dans un endroit neutre et sûr, comme un parc soigneusement clôturé. Chacun sera détendu et n'aura pas à défendre son territoire, ses jouets ou sa nourriture. Même dans ce cas, ce n'est pas une bonne idée de lâcher votre nouvel animal, à moins d'avoir la certitude que la zone est sûre et que le chien possède déjà un collier avec sa plaque d'identification. Dans ce cas, il peut être bon de le laisser entièrement libre dans son approche du chien déjà présent chez vous pour que les animaux puissent se saluer et se renifler à leur gré.

Une fois à la maison, votre nouveau chien se sentira peut-être l'âme d'un explorateur ou bien il apparaîtra effrayé par son nouvel environnement. Si l'animal semble nerveux, choisissez une pièce sûre et passez du temps seul avec lui. Montrez-lui où se trouve l'eau et la nourriture et indiquez-lui le chemin en cas d'envie pressante. Il est également bien d'installer sa caisse ou son panier dans la pièce en question.

QUE PENSER DE ?

DEUX CHIENS : DEUX FOIS PLUS DE PROBLÈMES

Vous pensez avoir deux fois plus de travail avec deux animaux ? En réalité, cela pourrait être exactement l'inverse ! De nombreux comportements destructifs sont dus à l'ennui ou à l'angoisse de la séparation. Un comparse peut assurer la stimulation et la sécurité nécessaires pour réduire tout comportement névrotique. Il peut aussi apaiser vos inquiétudes à laisser un animal seul quand vous partez travailler. Les bénéfices physiques et émotionnels d'avoir un meilleur ami ne sont pas réservés aux humains. Des études montrent en effet que des animaux liés entre eux vivent plus longtemps et en meilleure santé.

029 ADOPTER DES ANIMAUX QUI S'AIMENT DÉJÀ

Les refuges reçoivent souvent des animaux qui vivent ensemble depuis des années et ont établi de solides liens. Parfois, ce sont deux, trois ou quatre animaux qui arrivent ensemble. Personne ne devrait jamais devoir quitter ses proches, mais c'est souvent ce qui arrive lorsqu'un animal est adopté seul.

Les paires d'animaux peuvent être de différents types : chat et chien, femelle et son petit, chien et chevreau... Vous sériez étonnés de la diversité des duos qu'on trouve dans les refuges ! D'autres animaux se rencontrent dans le refuge et deviennent alors inséparables. Il est important de pouvoir leur donner une chance de rester ensemble !

Adopter des animaux liés entre eux permet de leur épargner le traumatisme d'une nouvelle séparation douloureuse. Ces compagnons se sentiront d'autant moins seuls dans leur nouvelle maison et seront ainsi plus sereins.

030 ACCUEILLIR TEMPORAIREMENT DES CHIENS

Si vous ne pouvez pas prendre un chien mais avez tout de même besoin d'une bonne dose de câlins canins quotidiens, l'accueil temporaire est sans doute fait pour vous. C'est l'une des meilleures choses que puisse faire un amoureux des animaux. Une famille d'accueil fera toute la différence pour un chien abandonné. On pense souvent que les refuges sont vastes et dotés d'un personnel nombreux, mais la réalité est bien différente.

DEVENIR FAMILLE D'ACCUEIL La famille d'accueil joue un rôle essentiel pour l'animal recueilli et l'association qu'elle aide. Certaines associations choisissent de fonctionner exclusivement ainsi, sans avoir de refuge. La durée d'accueil est variable et dépend des disponibilités de chacun.

DONNER UNE PROTECTION Accueillir un animal va bien au-delà du simple fait de sauver une vie... ce qui est déjà beaucoup ! En apprenant à connaître l'animal, vous pourrez aider à déterminer quel type de foyer lui conviendra le mieux. Un séjour dans un environnement stable, aussi bref soit-il, peut permettre de socialiser l'animal et de faire une transition en douceur vers son foyer définitif.

DONNER DE L'AFFECTION Et n'oubliez pas la partie la plus agréable ! La famille d'accueil recevra des manifestations quotidiennes d'affection sans engagement sur le long terme (ce qui n'est pas toujours compatible avec son mode de vie). C'est un peu comme gâter à outrance des nièces et neveux qui viendraient en vacances chez vous !

COMPORTEMENT

“ Je voudrais connaître la musique dont la queue de mon chien bat la mesure. ”

YVAN AUDOUARD

Comprendre les comportements et les tendances instinctives de votre chien participe à la construction d’une belle relation. Si les chiens ne parlent pas, ils communiquent de multiples façons et c’est à vous d’apprendre leur langage.

Il peut être utile de savoir que la plupart des comportements adoptés par les chiens relève de comportements de meute et de logiques de domination et de soumission dans lesquelles, vous-même représentez le chef de meute. Il est tout aussi important de ne pas oublier que les chiens se comportent souvent comme de petits enfants qui testent vos limites et s’abandonnent à leurs envies tout en recherchant votre affection et votre attention.

Le chien veut toujours vous faire plaisir. Quoi qu’il fasse, même si son comportement vous met les nerfs à vif quand il mastique vos chaussures préférées, déchire le sac poubelle ou ne fait pas ses besoins là où il faut, n’oubliez jamais qu’il n’avait pas l’intention de vous mettre dans tous vos états. Le chien a simplement besoin d’apprendre les règles.

N’oubliez pas non plus qu’un chien ne se réduit pas à sa race mais est un individu à part entière. C’est fondamental. À l’origine, l’élevage de races a répondu à des critères de sélection précis en rapport avec les tâches qu’on voulait faire exécuter aux chiens, mais aujourd’hui c’est surtout une affaire de caractéristiques physique. En ce qui concerne la véritable nature et le comportement de l’animal, vous avez affaire à un individu unique et les chiens de races mélangées (les croisements) sont tout aussi dignes d’intérêt que les autres : posez la question à leurs maîtres et vous verrez ce qu’ils vous répondent !

031

CONNAÎTRE LES SENS DE SON CHIEN

Pour comprendre pourquoi votre chien fait ce qu'il fait, il faut d'abord savoir comment il voit le monde ou plutôt comment il le sent, puisque l'odorat est de loin son sens le plus important. Les chiens obtiennent ainsi des informations sur leurs congénères (et sur les hommes) grâce aux odeurs. L'ouïe est leur deuxième sens essentiel, leur permettant de localiser très vite l'origine d'un son. La vue arrive en troisième position, leur sensibilité au mouvement et leur vision nocturne étant très supérieurs aux nôtres. Ces sens très développés expliquent bon nombre des mystérieux « superpouvoirs » canins. Comment mon chien sait-il que c'est moi qui viens de me garer, ou comment sait-il que je ne vais pas bien ?

L'ODORAT

Il est difficile de saisir la puissance de l'odorat des chiens, qui peut être des milliers de fois plus développé que le nôtre. La zone de leur cerveau dédiée à ce sens est quarante fois plus grande que la nôtre. Les chiens se servent de leur odorat pour chercher de la nourriture et inspecter des objets étranges. En reniflant le pelage, la gueule et les parties génitales (voir entrée n° 33), un chien glane des informations sur les lieux où est allé un congénère, sur ce qu'il a mangé... et il recueille même des informations sur son humeur ! Des études récentes ont montré que les chiens détectent aussi les maladies, dont certains cancers.

L'OUÏE

L'ouïe du chien est très supérieure à la nôtre. L'homme détecte les fréquences situées entre 20 et 20 000 hertz, tandis que le chien perçoit celles qui vont de 40 à 60 000 hertz. Les sifflets pour chiens situés au-dessus de 20 000 hertz sont donc inaudibles pour nous. De plus, les chiens entendent des sons à de grandes distances et les identifient précisément. Votre chien reconnaîtrait le moteur de votre voiture, même si tout le monde avait le même modèle que vous dans le voisinage ! Les oreilles du chien bougent indépendamment et sont capables de repérer une source sonore presque instantanément.

LA VUE

Les yeux des chiens ont évolué pour leur donner une excellente vision à l'aube et au crépuscule, moments où les chiens sauvages partaient chasser. Ils excellent ainsi tout particulièrement à repérer les mouvements les plus furtifs. Le placement de leurs yeux leur confère un champ visuel vaste, avec une bonne vision binoculaire dans un espace central relativement réduit. Les chiens ne distinguent pas les couleurs comme nous. Des études nous montrent qu'ils les voient en dégradés de bleu, de gris et de jaune. Les jouets orange, jaunes ou verts apparaîtront dans le même ton de jaune que l'herbe. Un jouet bleu sera donc plus facile à repérer.

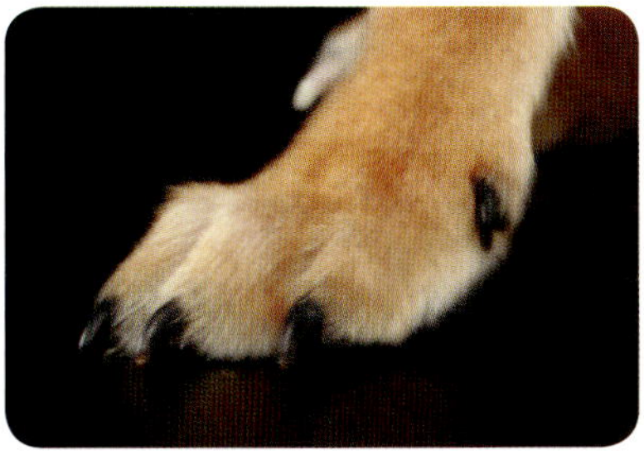

LE TOUCHER

Les chiens naissent sourds et aveugles. Même leur extraordinaire odorat ne se développe pas d'emblée. Le toucher est donc le premier sens développé par les chiots léchés et câlinés par leur mère. Le corps du chien est couvert de terminaisons nerveuses sensibles au toucher auxquelles s'ajoutent les vibrisses (au-dessus des yeux et sur le museau). Au sein d'une meute, les animaux ne cessent de s'envoyer des signaux par l'intermédiaire de contacts physiques. Les manifestations physiques d'affection avec les membres de la « meute humaine » sont essentielles pour la bonne santé et le bonheur du chien.

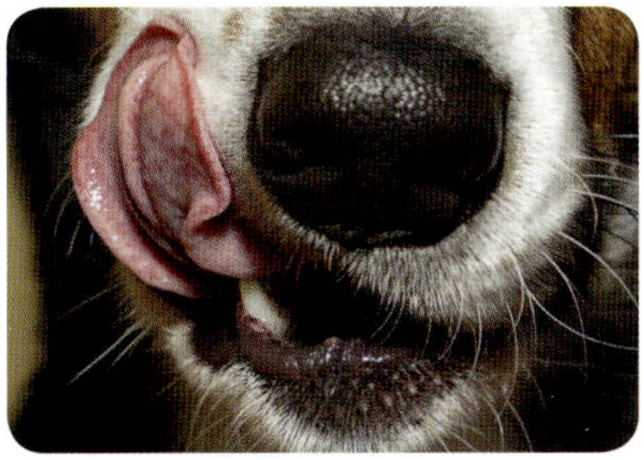

LE GOÛT

Parce que le goût est étroitement lié à l'odorat, vous pourriez vous attendre à ce que les chiens soient les gourmets du monde animal. En réalité, ils possèdent beaucoup moins de papilles gustatives que nous et leur goût est tout sauf sophistiqué. En tant qu'animaux de meute, ils ont le souci d'emmagasiner autant de nourriture que possible avant qu'un autre ne s'en empare. Ce comportement est commun chez certaines races, comme le beagle qui a une tendance à l'obésité. Situé dans la gueule, l'organe de Jacobson permet au chien de « goûter » littéralement l'air lorsqu'il est en quête d'une proie ou d'un partenaire.

032 LAISSEZ-LES RENIFLER !

En tant qu'animal social intelligent, le chien a mis au point des techniques de communication complexes et sophistiquées. Il existe chez lui une communication verbale faite d'aboiements, de grognements et de gémissements, mais aussi et surtout un langage corporel basé sur les odeurs. Les traces d'urine laissées à des endroits stratégiques envoient des signaux complexes aux autres chiens. Aussi frustrant que cela puisse être pour nous qui n'avons guère envie de nous arrêter toutes les 30 secondes pour le laisser humer les réverbères, il est important de laisser ce temps à votre chien pour qu'il se tienne informé de tous les potins disponibles dans ces « gazettes canines » !

033 RENCONTRES ET SALUTATIONS

Lorsque deux personnes se rencontrent, elles accomplissent de brefs rituels de salutation, variables d'une culture à l'autre. Il peut s'agir d'un imperceptible signe de tête, d'une révérence marquée, d'un certain nombre de bises sur la joue, de mains qui se serrent. Les psychologues vont plus loin et identifient des messages plus subtils tels que la fermeté d'une poignée de main, la chaleur d'un sourire ou la durée du contact visuel. Lorsque deux chiens se croisent, ils accomplissent leur propre rituel de salutation. Leur langage corporel évoquera leur statut d'égalité ou bien une situation de domination ou de soumission. Aussi mal à l'aise que cela puisse nous mettre, le rituel inclut le reniflement des zones génitales. Un chien soumis pourra lever une patte postérieure, voire rouler sur le dos pour contenter le chien dominant. Quelle que soit votre gêne durant ces rencontres, résistez à la tentation d'entraîner votre chien au loin. Rappelez-vous que c'est aussi naturel que de se serrer la main et que cela relève simplement des bonnes manières dans le monde canin.

034 RECONNAÎTRE L'APPEL AU JEU

L'un des signaux les plus caractéristiques et touchants est la posture en arc qui est un appel au jeu. Face à un éventuel compagnon de jeu (humain ou canin), le chien s'accroupit avec les pattes avant allongées devant lui. Son arrière-train est redressé et sa queue s'agite à un rythme proportionnel à l'enthousiasme avec lequel son invitation est reçue. Ce langage corporel peut être accompagné d'un aboiement tout aussi caractéristique qui signifie : « allons jouer ! » Le type de jeu proposé comprendra forcément des fausses séquences de chasse ou de bagarre.

035 L'ENCOURAGER À SE « BAGARRER »

Les chiens jouent à se bagarrer toute leur vie et même si cela peut nous sembler inquiétant, cette caractéristique fait partie intégrante de leur développement. Les chiots se bagarrent pour apprendre à reconnaître les signaux de domination et de soumission. Le chien dominant fera rouler son congénère sur le dos et le bloquera. En grandissant, le chiot jouera à se battre avec les chiens adultes de la maisonnée. L'animal apprend ainsi quelle pression acceptable il peut exercer avec sa mâchoire. S'il blesse un chien adulte ou un chiot, son maître pourra le réprimander en le pinçant légèrement. Dans la nature, de tels jeux aident les individus à trouver leur place dans la meute. Pour les chiens domestiques, c'est une partie essentielle de leur socialisation et une source d'amusement.

QUE PENSER DE ?

L'« ALPHA ROLL »

Parce que les chiens se soumettent naturellement en roulant sur leur dos et en exposant leurs bas-ventre vulnérable, des dresseurs prônent une technique destinée à corriger les comportements dominants ou agressifs des animaux en les contraignant à rouler sur le dos et en les bloquant dans cette position.

Il n'est guère surprenant que de nombreuses personnes se fassent mordre durant l'« alpha roll ». En forçant ainsi un animal à se soumettre, celui-ci peut craindre d'être blessé ou tué et se sent parfois obligé de se défendre. L'approche plus patiente du renforcement positif donne de meilleurs résultats.

036 APPRENDRE LA LANGUE CANINE

Puisqu'un chien bien entraîné peut faire la différence et répondre de manière appropriée à des centaines de commandes verbales énoncées par son maître, il est juste que vous fassiez un effort pour comprendre ce que votre chien essaie de vous dire. Nous savons tous qu'un grognement avertit et qu'un gémissement marque la détresse, mais il existe plein d'autres signaux sonores qui tous communiquent des messages différents. Vous trouverez ci-dessous quelques-uns des plus répandus qui vous aideront à comprendre votre chien.

SIGNAUX	Trois ou quatre aboiements à une fréquence moyenne	Aboiements continus à une fréquence moyenne	Série d'aboiements avec une pause à une fréquence moyenne puis élevée au bout d'un certain temps
SENS	Appel à agir. Quelqu'un a pénétré sur votre territoire. Il faut en savoir plus.	Appel à se battre. La menace potentielle s'est rapprochée et la meute doit être prête à se défendre.	« Je suis seul et je m'ennuie. Y a-t-il quelqu'un dans le coin ? »
SCÉNARIO TYPIQUE	 Votre chien est près de la fenêtre, alors que quelqu'un s'approche de chez vous.	 Votre chien avance jusqu'à la porte alors que l'intrus est tout proche.	 Le chien est seul à la maison et inquiet. Il fait une pause pour écouter une éventuelle réponse ou, mieux encore, la clé qui tourne dans la serrure.

SIGNAUX	Un ou deux aboiements brefs et forts à une fréquence moyenne ou haute	Un unique aboiement à haute fréquence	Un aboiement répétitif à fréquence moyenne
SENS	« Bonjour ! »	« Mais que se passe-t-il ? »	« Allons jouer ! »
SCÉNARIO TYPIQUE	 Un intrus potentiel a été reconnu comme un ami et est ainsi accueilli par votre chien.	 Un événement inattendu a eu lieu et votre chien exprime sa surprise.	 Cet aboiement est souvent accompagné de la posture d'appel au jeu (voir entrée n° 34).

037 APPRENDRE À SES ENFANTS À BIEN SE COMPORTER AVEC LES CHIENS

Les enfants aiment souvent d'instinct les animaux et ont envie de les caresser, mais tous les chiens n'apprécient pas. Voici six règles de base pour que tout se passe bien.

TOUJOURS DEMANDER L'enfant demandera la permission avant de caresser un chien. Si le propriétaire donne son accord, il présentera le dos de la main pour que le chien puisse la renifler – c'est sa façon de dire bonjour. Ne jamais approcher un chien en l'absence de son propriétaire, surtout si l'animal est attaché et se sent vulnérable.

ÊTRE CALME ET POSÉ Les chiens peuvent s'effrayer de bruits forts ou de mouvements rapides. L'enfant ne sautera pas autour d'un chien inconnu, même pour jouer. Ce genre d'attitude peut exciter son instinct de chasse. L'enfant devra savoir que les chiens jouent brutalement, même si ce n'est pas ainsi que lui conçoit les jeux.

LAISSER DORMIR LES CHIENS Il ne faut jamais déranger un chien endormi. S'il était réveillé en sursaut, par instinct, il pourrait grogner sur son assaillant imaginaire et même le mordre. De la même façon et pour la même raison, l'enfant ne devra pas caresser un chien avant de s'être assuré que celui-ci l'a bien vu approcher.

LAISSER MANGER LES CHIENS Un enfant ne doit pas caresser un chien qui mange ou ronge un os. Les chiens protègent d'instinct leur nourriture, craignant qu'on la leur vole. Même si tous les chiens ne sont pas attachés à leur gamelle, mieux vaut s'abstenir.

NE PAS FIXER UN CHIEN DES YEUX L'enfant ne mettra pas son visage près de la tête du chien et ne le fixera pas des yeux, même s'il le connaît. Le chien pourra se sentir très mal à l'aise car c'est un signal canin d'agression.

NE PAS FUIR Les chiens grognent lorsqu'ils ont peur ou sont en colère. L'enfant devra faire face au chien en croisant les bras et se tourner pour lui présenter son corps de profil, avant de s'éloigner doucement. Il ne faut pas courir car l'instinct de chasseur du chien pourrait se réveiller.

038 COMPRENDRE LE LANGAGE DES OREILLES

Si, du fait de leur immobilité, les oreilles humaines n'entrent dans la composition d'aucun langage corporel, celles des chiens en revanche sont très mobiles, comme les drapeaux d'un sémaphore, et envoient des messages très clairs à leurs congénères. Les chiens dotés de longues oreilles sont désavantagés puisque la position de celles-ci est plus due au vent qu'à leur volonté. Mais tous les chiens sauvages et de nombreux chiens domestiques ont des oreilles droites et visibles de loin. Avec un peu de pratique, vous pourrez apprendre les bases du langage des oreilles canin.

SIGNAL	Oreilles droites ou légèrement penchées vers l'avant. Tête légèrement penchée.	Oreilles orientées vers l'arrière, expression craintive.	Oreilles droites ou légèrement penchées vers l'avant. Expression agressive.	Oreilles aplaties à l'arrière de la tête, montrant les dents.
SENS	« C'est très intéressant ! »	« Je ne suis pas une menace. Ne me fais pas de mal ! »	« Je suis prêt au combat, je n'ai pas peur. » C'est la menace d'un chien qui a confiance en lui.	« Je suis sur mes gardes et, s'il le faut, je me défendrai. » C'est la menace d'un chien qui doute un peu de lui-même.

QUESTION AU VÉTÉRINAIRE

MON CHIEN N'ARRÊTE PAS DE SE GRATTER LES OREILLES, QUE SE PASSE-T-IL ?

Ne vous contentez pas de penser que les oreilles de votre chien le démangent. Cela peut être aussi le signe d'une infection douloureuse. Parmi les autres symptômes : pus, odeurs étranges, mouvements de tête. Appelez peut aussi être le vétérinaire.

Les chiens ont de fréquentes infections dues à la forme en L de leurs conduits auditifs. Les races dotées de longues oreilles pendantes et les chiots nageant souvent y sont prédisposés. Parasites et allergies peuvent aussi déclencher des infections. Pour éviter ces problèmes, faites en sorte que les oreilles de votre chien soient toujours très propres (demandez à votre vétérinaire comment utiliser un nettoyant et des cotons-tiges) et contrôlez-les régulièrement.

QUE PENSER DE ?

LA TAILLE DES OREILLES

Depuis 2004, la France interdit cette chirurgie destinée à enlever une partie des oreilles des chiens (art. 10 de la Convention européenne pour la protection des animaux de compagnie du 13 novembre 1987). Cette pratique était utilisée sur certaines races afin qu'ils ne se blessent pas dans l'accomplissement des tâches pour lesquelles on les élevait. Pour ces chiens, les oreilles taillées font partie de l'image d'Épinal de la race et beaucoup de gens ignorent qu'ils ne naissent pas ainsi. Cette opération est aujourd'hui considérée comme cruelle, douloureuse et inutile.

039 REGARDER DANS LES YEUX

Le contact visuel entre les personnes envoie de puissants signaux psychologiques. Un regard fixe est une marque d'attention, d'intérêt. Un regard fuyant peut suggérer le mensonge, et l'absence de contact peut révéler la timidité, la honte ou la peur.

Fixer les inconnus est une attitude grossière souvent perçue comme une menace ou un défi. Ce dernier point, valable par principe pour tous les animaux, s'applique pleinement aux chiens qui prennent les signaux visuels très au sérieux.

SIGNAL	Contact visuel direct et fixe	Yeux détournés pour éviter tout contact visuel
SIGNIFICATION	« Je suis plus fort que toi ! » C'est l'expression de la domination et si le chien fixé ne recule pas, le niveau de menace va monter en flèche. En général, le chien se soumet rapidement et s'en va.	« C'est toi le patron ! » C'est un signe clair de respect ou de capitulation. Le chien soumis détourne le regard et peut rouler sur le dos pour parachever sa capitulation. Ce n'est pas toujours la taille qui compte, même si les chiens prennent vite conscience de ce paramètre.

040 RÉSISTER À SON REGARD

Fixer du regard une personne qui mange est un moyen utilisé par le chien pour la contrôler. Le chien déplace alors les yeux de la nourriture à la personne d'une manière comique assez irrésistible. Mais vous devez résister : le chien est en train d'affirmer sa domination. Lorsque vous le récompensez en lui donnant ce qu'il veut, vous renforcez ce comportement qui pourrait devenir agaçant pour vous-mêmes et ceux qui partagent vos repas.

QUE PENSER DE ?

LA DÉCHARGE D'OCYTOCINE EST LE REGARD DE L'AMOUR

En 2015, une étude japonaise a démontré que les propriétaires avaient une décharge d'ocytocine lorsque leur animal les regardait. L'ocytocine est l'hormone relâchée dans le cerveau d'une femme qui regarde son enfant. Elle stimule les soins maternels et renforce le lien mère/enfant. Que se passe-t-il alors ? Sommes-nous hypnotisés par nos chiens ? Oui... et non. Cet effet se retrouve chez les chiens qui subissent une décharge de cette même hormone lorsqu'ils regardent leurs maîtres qui les adorent.

Cette découverte suggère que le regard fixe est à l'origine d'un cycle vertueux qui renforce le lien entre les chiens et leurs maîtres depuis des milliers d'années, expliquant ainsi pourquoi le chien est considéré comme « le meilleur ami de l'homme ». Lorsque la même expérience a été pratiquée avec des loups apprivoisés, il ne s'est rien passé de notable.

Mais alors, pourquoi nous demande-t-on de ne pas fixer les chiens dans les yeux ? Il est important de se souvenir que ces expériences concernaient des chiens et leurs maîtres. Comme pour les humains, si fixer du regard l'être aimé ne pose pas de problème, il n'en va pas de même avec des inconnus et l'on risque de recevoir en retour non pas une expression langoureuse, mais un regard bien noir !

041 UTILISER SON REGARD

Si les personnes, et particulièrement les enfants, doivent éviter de fixer un chien inconnu du regard (même un petit chien dominant pourra considérer cela comme une agression), en regardant votre chien droit dans les yeux, vous pourrez influencer son comportement. Un regard long et affectueux peut renforcer le lieu qui vous unit. Un regard vif et fixe peut suffire à corriger de mauvaises habitudes, comme celle de réclamer à table. Votre chien devra détourner les yeux, avec un petit regard furtif pour vérifier votre satisfaction.

042 CLIGNER DES YEUX

En langage canin, le clignement d'yeux est un subtil signal de soumission. Lorsque deux chiens s'affrontent, celui qui cligne des yeux le premier recule. Cependant, un peu comme une personne qui bat des cils pour signaler son attirance, les chiens clignent des yeux pour montrer amitié et affection. Lorsqu'un chien ou un loup accueille un membre de rang supérieur, il incline la tête et tente de lécher celle de l'animal dominant. Si le geste est accepté, le dominant va cligner des yeux trois ou quatre fois. Le chien soumis achève le rituel en clignant des yeux à son tour.

043 INTERPRÉTER LA POSITION DE LA QUEUE

Les chiens sauvages (loups, coyotes, renards et l'ensemble des autres canidés) ont presque tous de longues queues fournies. La queue d'un chien est un moyen de communication important qui donne à distance des informations sur son état d'esprit et son statut. Ainsi, un border collie tient naturellement sa queue basse, contrairement au husky qui garde la sienne dressée. Toutes les interprétations devront se faire à partir d'une position de base. Imaginons que la queue du chien correspond à l'aiguille d'une montre, alors sa position de base correspondra à 7 heures pour un chien-loup comme un berger allemand. La queue indique alors que le chien est détendu et vit sa vie joyeusement.

1 10-12 HEURES

Si le chien a la queue dressée et l'extrémité légèrement recourbée au-dessus de son dos en approchant un autre animal, cela signifie qu'il est confiant et s'attend à être traité avec respect.

2 9 HEURES

Si le chien a la queue tendue lorsqu'il s'approche d'un congénère, cela indique qu'il n'est ni particulièrement dominant, ni soumis. Il ne se sent pas forcément menacé, juste curieux.

3 7-8 HEURES

Si le chien a la queue abaissée en approchant un autre chien, cela signifie qu'il n'est pas sûr de lui et dit : « je ne suis pas une menace. »

4 6 HEURES

Si la queue du chien touche ses pattes postérieures, ou si elle se met à remuer entre elles, cela indique qu'il est soumis, inquiet de l'arrivée d'un autre animal. Dans ce cas, le chien restera immobile et laissera le chien dominant approcher.

044 REPÉRER LES FORMES DE QUEUES

Les informations données par la position de la queue d'un chien peuvent être légèrement ou totalement modifiées par la forme de celle-ci. L'un des changements les plus répandus intervient lorsque les poils hérissent la queue qui s'épaissit sur toute sa longueur. Même si le chien garde la queue assez basse, c'est un signal clair qu'il est prêt à se défendre si cela s'avère nécessaire. La courbe nettement marquée que dessine la queue de nombreux chiens-loups dominants traduit un niveau d'alerte maximal.

?

QUE PENSER DE ?

L'ABLATION DE LA QUEUE

Il s'agit de retirer chirurgicalement la portion inférieure de la colonne vertébrale qui forme la queue. Une opération autrefois communément pratiquée pour de nombreuses races de chiens d'utilité. Aujourd'hui, cette opération est interdite en Europe par la Convention européenne pour la protection des animaux de compagnie. Non seulement l'ablation de la queue cause des souffrances inutiles, mais elle prive le chien d'un moyen de communication. Dans une étude sur l'interaction de chiens dans un parc, on a montré que les chiens dépourvus de queues avaient deux fois plus de possibilités d'être confrontés à des réactions hostiles. Le rituel de salutation devenant plus ambigu et ouvert aux erreurs d'interprétation.

045 REPÉRER LES FRÉTILLEMENTS

Chacun sait que les mouvements de queue envoient des messages clairs. Si le chien agite la queue, il est content, exact ? Et bien pas forcément. Le chien agite la queue pour envoyer toutes sortes de signaux en fonction des circonstances. Un frétillement pourra donc aussi bien être un chaleureux salut qu'un avertissement.

En général, l'agitation de la queue est proportionnelle à l'excitation du chien et, plus le frétillement est large, plus le message est positif. De légers mouvements ou de légères vibrations de la queue peuvent indiquer l'incertitude, la détresse ou un sentiment d'agression. Voici les mouvements les plus courants et leur signification.

SIGNAL	Queue détendue et effectuant de petits mouvements	Queue dressée et effectuant de très courts mouvements	Queue rentrée entre les pattes bougeant rapidement en mouvements courts
SIGNIFICATION	« Salut ! » C'est un signal envoyé à un membre respecté de la meute, un salut chaleureux de votre chien lorsque vous rentrez. Lors de ce salut, l'extension et la rapidité du mouvement augmenteront en conséquence.	« Va-t-en ou soumets-toi ! » C'est un signal communément envoyé par un chien dominant. Vous remarquerez ce mouvement, accompagné d'un grognement sourd, lorsque votre chien mange et qu'un congénère s'approche de sa gamelle.	« J'ai peur. Ne me fais pas de mal ! » Ce signal peut être exagéré chez certains chiens, tels que les whippets, dont la queue est naturellement très basse. C'est un signe clair de la nervosité du chien et de son inquiétude pour sa sécurité.
	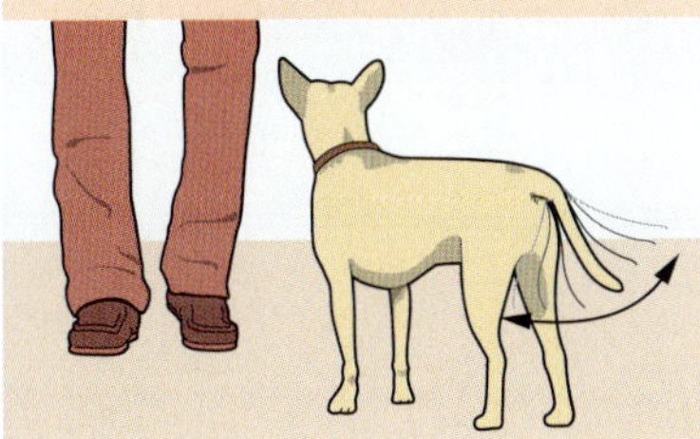		

046 REPÉRER UN CHIEN DOMINANT

Si dans leur grande majorité les chiens sont affectueux, certains sont naturellement dominants et leur haute estime d'eux-mêmes est clairement transmise par leur langage corporel et leur comportement assuré. Les chiens dominants (il s'agit le plus souvent de mâles non castrés) accueillent leurs congénères avec la queue dressée, le regard fixe et peuvent rapidement passer à l'agression s'ils ne reçoivent pas le respect attendu. De tels chiens auront besoin de maîtres expérimentés. La taille n'est pas forcément liée à ce caractère dominant, les chihuahuas et les Jack Russel en sont la meilleure preuve !

047 LIRE SUR LES LÈVRES

Lorsqu'un chien veut lancer un avertissement à un congénère ou à un humain, il retrousse les babines pour montrer les armes que constituent ses crocs impressionnants. Cette manifestation s'accompagne généralement de grognements sourds et menaçants. Sachez que si un chien arrête de grogner mais continue de montrer les crocs et que ses babines tremblent, cela ne signifie pas qu'il se calme. Plus vraisemblablement, il a le sentiment que son avertissement n'a pas été suffisamment efficace et qu'il va devoir combattre. Le grognement est un signal rituel, une tentative pour modifier le comportement de l'autre.

QUESTION AU VÉTÉRINAIRE

POURQUOI MON CHIEN COURT-IL SANS CESSE APRÈS SA QUEUE ?

Il n'est pas rare que les chiens courent après leur queue et c'est souvent l'expression d'un caractère joyeux ou d'une brève phase d'exploration du chiot. Cela peut aussi être un moyen de décharger un trop-plein d'énergie, une pratique qui disparaîtra avec des promenades plus longues ou lorsque vous lui lancerez des objets à rapporter. Mais cette pratique peut aussi révéler une blessure, une irritation de la peau ou une piqûre de puce qui le gênent. Plus rarement, il peut s'agir d'un signe de désordre psychologique ou neurologique. En cas de doute, n'hésitez pas à consulter votre vétérinaire.

048 INTERPRÉTER LES GROGNEMENTS

Chacun sait qu'un grognement peut annoncer une morsure, mais saviez-vous que les grognements transmettent toutes sortes d'autres messages ? Vous trouverez ci-dessous un guide des grognements les plus répandus et leurs significations. Remarquez qu'il peut être difficile de les distinguer. En cas de doute, laissez le chien qui grogne tranquille afin d'éviter de mettre de l'huile sur le feu.

SIGNAL	Un grognement sourd qui semble venir de la poitrine	Un grognement grave aboutissant à un aboiement	Un grognement modulé et un occasionnel aboiement aigu	Un grognement sonore venu de la gorge, sans montrer les crocs
SIGNIFICATION	« Dégage ! » C'est un avertissement sans équivoque accompagné d'un langage corporel assuré (tête droite, oreilles en alerte, contact visuel marqué). Un chien moins sûr de lui émettra un grognement plus aigu venu de la gorge, en montrant les crocs pour dire : « je me battrai s'il le faut ! ».	Même s'il s'agit à nouveau d'un avertissement clair, l'aboiement est un appel à l'aide. Ce chien est peu sûr de lui mais il se défendra s'il le faut. Si l'aboiement se fait plus aigu, cela signifie que le chien s'inquiète de la situation.	« J'ai peur et je suis excité. Laisse-moi tranquille ! » Il s'agit plus d'une plainte que d'un grognement. Le chien pourra tout aussi bien fuir qu'affronter le problème.	« C'est amusant ! Continuons à jouer ! » Le grognement enjoué accompagné d'aboiements répétés est une invitation au jeu. Ces sons pourront effrayer les personnes ne connaissant pas le chien, mais ils sont joyeux et associés au jeu.

049 JOUER AUX JEUX DE TRACTION

Les chiens adorent les jeux de traction mais, si vous n'y prenez garde, vous pourriez laisser croire à votre chien qu'il a le droit de s'emparer de n'importe quel objet et de ne pas le relâcher. À l'inverse, vous pouvez utiliser ce jeu pour lui apprendre à relâcher des objets sur commande. Lorsqu'il lâchera l'objet que vous tiriez tous les deux, donnez l'ordre « donne ! » juste après, puis récompensez-le pour renforcer ce comportement.

Répétez cette manœuvre jusqu'à ce que vous ayez dressé votre chien à stopper au milieu d'un formidable jeu de traction et à relâcher l'objet tiré sur commande. Une chose à ne pas oublier pendant un jeu de traction : des chiens maintiennent l'objet si fermement qu'ils pourraient être soulevés de terre. Ne le faites jamais car les os et les dents de votre chien risqueraient d'en souffrir.

050 N'INTERVENEZ JAMAIS !

Ne vous interposez jamais entre deux chiens pour stopper un combat, vous risqueriez de sérieuses blessures. Aspergez d'eau la gueule des animaux ou essayez de les distraire en jetant quelque chose à côté d'eux. Il vaut la peine d'investir dans un avertisseur portatif, facilement rangé dans une poche ou un sac à main, et qui est très efficace pour stopper un combat sans intervenir physiquement.

051 DIRIGER LA MEUTE

Dans le passé, les chiens vivaient en meutes. Il est capital de comprendre que le chien domestique considère sa famille humaine comme une meute. Dans la nature, il s'agit de structures hiérarchisées où chacun connaît sa place. Votre chien doit vous accepter comme chef de meute, non pas parce que vous êtes plus grand et plus fort que lui, ce qui peut ne pas être le cas si vous avez un grand mastiff et ne vous aidera pas si vous avez un chihuahua dominant qui vous arrive à mi-mollet ! Pour être un véritable chef, il faut de la compréhension, une communication efficace et un bon entraînement.

Si un chien dominant n'est pas dressé et socialisé comme il faut, il sera agressif envers ses congénères, vos visiteurs et vous-même. Il sera convaincu d'être le chef de meute et donc responsable de sa protection. Vous devez vous affirmer comme leader pour l'en dissuader et le rassurer sur vos capacités à le protéger ainsi que le reste de la famille. Dressez votre chien à obéir, tout en le félicitant et en le récompensant lorsqu'il s'est bien conduit. Si votre chien a des velléités de domination, voici quelques astuces pour faire face à certains comportements spécifiques.

AGRESSION DE CHIEN DOMINANT

Un chien dominant qui n'a pas été bien socialisé pourra tenter de vous protéger des autres chiens en aboyant agressivement, voire en les attaquant.

PRÉVENTION

Lorsque vous croisez d'autres chiens, affirmez votre autorité en demandant à votre chien de s'asseoir. Il comprendra ainsi que vous ne vous sentez pas menacé. N'oubliez pas de le féliciter de son comportement à l'égard de ses congénères.

AGRESSION POUR LA POSSESSION

Un chien dominant peut défier un congénère, un humain, voire son maître, pour la possession de son jouet favori, d'un siège confortable et, bien sûr, de nourriture.

PRÉVENTION

Gardez les jouets et friandises pour récompenser un bon comportement et rangez les jouets hors de portée quand ils ne servent pas. Rappelez à votre chien qui est le patron en lui ordonnant de s'asseoir avant de recevoir de la nourriture, un jouet ou de franchir la porte lorsque vous partez en promenade.

AGRESSION TERRITORIALE

Si un chien se considère comme le chef de meute de sa maisonnée, il pourra défendre agressivement son clan et son territoire contre les intrus, facteurs et amis inclus.

PRÉVENTION

Présentez votre chien aux visiteurs qui ne devront ni s'approcher ni fixer l'animal des yeux. Vous demanderez à chacun de s'asseoir et présenterez votre chien à son rythme. Récompensez votre chien de sa gentillesse envers des inconnus. C'est aussi une bonne idée d'exiger de votre chien qu'il reste assis à l'arrivée d'un visiteur jusqu'à ce que vous l'autorisiez à bouger.

052 CASTRER OU STÉRILISER SON CHIEN

Il y a de nombreux bénéfices à stériliser (femelles) et castrer (mâles) les chiens, outre celui d'agir sur le problème de surpopulation. Voici quelques-unes des raisons données par les spécialistes.

❶ VOTRE CHIEN SERA PLUS HEUREUX Une fois castré ou stérilisé, votre animal ne sera plus obsédé par la recherche d'un compagnon. Cette recherche est à l'origine d'agressions, de troubles d'agitation, de comportements obsessionnels et même de dépression. En retirant les causes hormonales sous-jacentes, vous enlevez un gros poids des épaules de votre animal, lui permettant d'être heureux, affectueux et détendu.

❷ VOTRE CHIEN SERA EN MEILLEURE SANTÉ La recherche le prouve : la stérilisation contribue à prévenir les cancers de l'utérus, des ovaires et les tumeurs mammaires, fatals chez 50 % des chiennes. Les femelles stérilisées avant leurs premières chaleurs (4-5 mois) ont une excellente santé, mais c'est positif à tous les âges. Pour les mâles castrés avant six mois, la procédure prévient les cancers des testicules et les problèmes de prostate.

❸ VOTRE ANIMAL VIVRA PLUS LONGTEMPS Parce qu'ils sont en meilleure santé, les animaux castrés ou stérilisés vivent nettement plus longtemps. Ils ont moins tendance à fuguer et à se battre, deux sources de blessures fatales.

❹ LA FEMELLE STÉRILISÉE N'AURA PAS DE CHALEURS Vous n'aurez donc pas à faire face à ses règles ni à des urines plus fréquentes.

❺ VOTRE MÂLE AURA MOINS TENDANCE À FUGUER Un mâle non castré est dirigé par des hormones puissantes et se transformera en as de l'évasion pour quitter la maison ou le jardin s'il y a une femelle en chaleur dans les parages.

❻ VOTRE MÂLE SERA PLUS AMICAL Un mâle castré aura moins envie de se battre avec d'autres mâles ou avec des femelles n'appréciant guère ses avances.

❼ VOTRE FEMELLE SERA PLUS AMICALE Lorsqu'une femelle est en chaleur, les hormones peuvent provoquer des changements d'humeur. Une femelle douce pourra devenir agressive, tant avec votre famille qu'avec les autres animaux de la maison.

❽ LA MASTURBATION SERA RÉDUITE OU ÉLIMINÉE C'est vrai des mâles et des femelles, même si la pratique est plus répandue chez les mâles non castrés. Les chiens auront donc moins tendance à utiliser leurs congénères, les jambes ou les coussins pour se masturber.

❾ VOUS ÉCONOMISEREZ DE L'ARGENT

Les animaux stérilisés et castrés ont moins de problèmes de santé : la note du vétérinaire est donc réduite. Ces animaux mordent moins, ce qui évite d'éventuelles poursuites en justice (80 % des morsures sont faites par des mâles non castrés). Ils ont aussi moins tendance à s'échapper, à provoquer des dégâts ou des accidents.

❿ VOUS SAUVEZ LA VIE D'ANIMAUX

Si les refuges accueillent plus d'animaux qu'ils n'ont de places disponibles, certains risquent d'être euthanasiés. Heureusement, les choses changent et des programmes toujours plus nombreux sont lancés pour apprendre l'importance de stériliser ou castrer son animal. De plus en plus de gens apprennent à soigner et à garder leurs animaux. Les adoptions se multiplient elles aussi. En procédant ainsi, vous contribuerez à améliorer la situation, tout en aidant à combattre le problème sous-jacent de surpopulation.

QUESTION AU VÉTÉRINAIRE

LES CHIENS CASTRÉS ET STÉRILISÉS CHANGENT-ILS DE PERSONNALITÉ ?

La castration et la stérilisation ne modifient pas la personnalité du chien, mais changent certains de ses comportements liés à l'obsession de trouver un compagnon. Imaginez avoir constamment faim et ne jamais pouvoir manger. Faire un repas deviendrait votre obsession et cela jouerait sur votre humeur. Imaginez maintenant qu'une petite intervention médicale puisse enlever cette faim et vous libérer. C'est ce genre de liberté que vous accordez à votre animal lorsque vous le faites castrer ou stériliser.

053 VOIR LES SIGNES DE SOUMISSION

Rouler sur le dos est sans doute l'un des rituels les plus caractéristiques du langage corporel canin. Afin d'éviter la confrontation, un chien soumis roule sur le dos et lève une patte pour exposer son ventre au chien dominant. Le chien soumis détourne généralement le regard, même s'il peut être tenté de voir si sa tactique est efficace. Si un chien soumis reste debout sur ses pattes, il se fait tout petit devant tout congénère ou homme considéré de rang supérieur. Sa queue est basse et s'agite légèrement, ses yeux établissent des contacts brefs, indirects et ses crocs sont dissimulés. Il peut tenter de lécher la gueule d'un chien dominant ou bâiller de manière peu discrète. Sa mission est d'apparaître le moins menaçant possible.

Les chiens soumis, surtout s'ils sont timides, doivent être dressés pour acquérir de la confiance. Seules les méthodes de renforcement positives (comme celle du clicker-training) seront utilisées, car celles qui sont basées sur des punitions risqueraient de détruire totalement la fragile estime de soi de l'animal, tout en érodant sa confiance et son lien affectif avec son maître.

054 RECONNAÎTRE LA PEUR

Si voir un chien accomplir un rituel de soumission pourra sembler comique aux yeux de certains, la vue d'un chien effrayé, qui n'est pas si différente, est toujours bouleversante. Sa queue disparaît entre ses pattes et ses oreilles sont aplaties sur son crâne. Son corps est tendu et orienté vers la menace qui approche. Contrairement au chien soumis, convaincu qu'il peut écarter le danger en détournant les yeux, le chien effrayé peut regarder droit devant, il peut montrer les crocs, mais cela uniquement parce que ses babines sont tendues par l'inquiétude. Si le chien émet des sons, il s'agit plus de plaintes que de grognements. En refuge, certains chiens peuvent présenter ce comportement, mais une fois introduits dans un foyer aimant, ils seront rassurés sur leur sécurité et retrouveront joie de vivre et confiance en peu de temps. Il est important de se souvenir qu'un chien qui a peur n'est pas forcément dangereux, mais qu'il faut se montrer patient et aimant pour que la confiance revienne.

QUE PENSER DE ?

PRATIQUER OU NE PAS PRATIQUER L'ÉLEVAGE

Ne vous lancez pas dans l'élevage avec votre animal. Même si vous trouvez des foyers pour tous les chiots, ce n'est pas une solution. Vous ne pouvez pas avoir la certitude que les nouveaux maîtres ne finiront pas par abandonner leurs animaux. Il est important et très utile de ne pas leur faire courir ce risque car il y a un chiffre à ne pas oublier : 100 000 chiens et chats sont euthanasiés chaque année en France.

055 FAIRE FACE À LA MICTION PAR SOUMISSION

Certains chiens produisent un peu d'urine du fait de leur surexcitation. De telles fuites sont très répandues parmi les jeunes chiens, mais peuvent également se produire chez des chiens plus âgés. En fonction de l'endroit où vous vous trouvez quand cela arrive, il faudra sans doute nettoyer rapidement. Un tel comportement est parfaitement naturel et ne révèle pas un problème de santé. Des mictions peuvent se produire lorsqu'un chien est effrayé, par exemple à la suite d'une salutation un peu appuyée d'un inconnu.

La miction peut aussi se produire lorsqu'un chien est intimidé et a roulé sur son dos en signe de soumission face à un animal dominant. Cette « miction par soumission » n'est pas un accident, mais un signal délibéré d'apaisement lancé par le chien pour ne pas être considéré comme une menace.

Les problèmes peuvent survenir lorsqu'un chien a peur d'un membre de la famille (le mâle dominant généralement) et qu'on le gronde pour ce que l'on tend à considérer, à tort, comme un acte de désobéissance. Le réprimander est alors aussi inapproprié que contre-productif car votre chien ne fait que souligner sa soumission. Il faut faire preuve de patience à l'égard de l'animal qui se laisse aller à uriner n'importe où dans la maison et le féliciter lorsqu'il le fait là où il faut. Cette miction est un drapeau blanc brandi pour montrer son respect envers son maître et protecteur.

056 COMMENT SE COMPORTER FACE À UN CHIEN TIMIDE

Les chiens timides sont souvent submergés par les marques d'affection. Les humains manifestent de l'attestation en se regardant droit dans les yeux, en échangeant une poignée de main ferme ou une embrassade appuyée. Pour un chien, ce type de contact peut être terrifiant. Saviez-vous qu'un chien qui se lèche les babines, bâille ou baisse la tête essaie de vous dire qu'il est nerveux ? Voici son message : « Ralentis, s'il te plaît, et laisse-moi respirer. Permets-moi d'aborder cette rencontre à mon rythme. »

La meilleure façon de montrer à un chien que vous êtes un ami consiste à se comporter de la manière la moins menaçante possible et de faire comme s'il n'était pas là pendant quelques minutes. La chose est plus facile à dire qu'à faire. Si vous y parvenez, le chien vous approchera à son rythme, vous reniflera par derrière et se sentira en sécurité. Puis, lorsque vous souhaitez établir le contact, accroupissez-vous ou allongez-vous par terre et regardez-le calmement. Tendez la main vers lui pour qu'il vienne vous renifler. Une fois que vous pourrez toucher sa tête, ses craintes s'envoleront.

057 CARESSER SANS TAPOTER

Chez les humains, le fait de tapoter un enfant sur la tête est un signe d'affection, mais ce geste se traduit difficilement en langage canin. Même s'il est tentant de tapoter un chien sur le crâne, celui-ci pourra trouver cela agaçant et, si vous tapez trop vigoureusement, le geste pourra être interprété comme une claque ou un coup. Dans la nature, les chiens se frottent les uns contre les autres pour se témoigner leur affection il sera donc plus agréable pour votre animal que vous le caressiez ou que vous le grattiez. Caresser ou gratter légèrement la tête, le cou, les oreilles, le dos, le ventre ou le postérieur de votre chien est une façon simple de lui permettre de se sentir bien. Et pour la tête de votre chien, privilégiez toujours les caresses aux petites tapes !

NE TAPOTEZ PAS LA TÊTE D'UN CHIEN

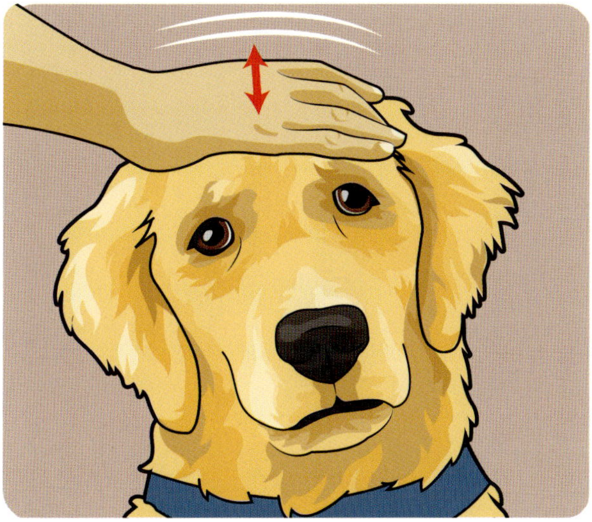

CARESSEZ LA TÊTE D'UN CHIEN

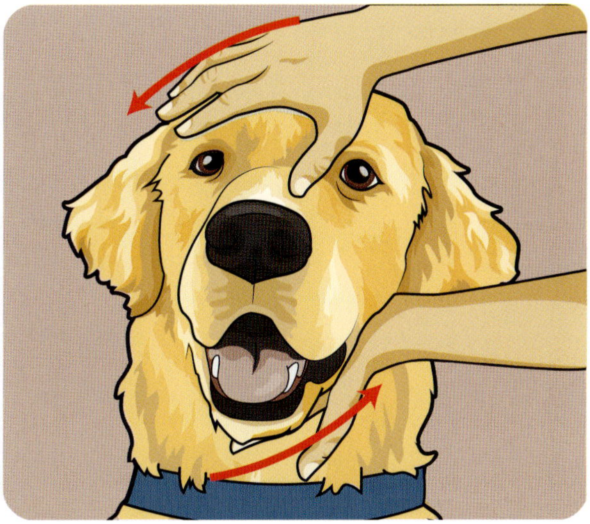

QUESTION AU VÉTÉRINAIRE

COMMENT APPRENDRE À MON CHIEN À S'AMUSER AVEC UN JOUET ?

Si en s'amusant avec un jouet, votre chien peut canaliser son énergie, vous serez peut-être étonné d'apprendre que tous les chiens ne savent pas jouer. Ce désintérêt peut s'expliquer par le tempérament de l'animal, mais il est aussi possible que personne ne lui ait appris à s'amuser avec un jouet ou une balle. Il y a aussi le cas de chiens qui n'ont pas été socialisés et sont restés timides ou craintifs. Apprendre à votre chien à s'amuser avec un jouet peut être une formidable expérience, à le fois pour lui et pour vous.

AVEC UNE BALLE Pour apprendre à votre chien à jouer avec une balle, allongez-vous tous les deux par terre et attendez d'avoir son attention. Faites ensuite rouler doucement une balle dans sa direction. S'il y fait attention, félicitez-le. Reprenez la balle et recommencez. En le félicitant, vous l'autorisez à renifler la balle et à interagir avec elle.

AVEC UN JOUET Vous pouvez aussi acheter un jouet à mordiller sur lequel vous aurez appliqué un peu de nourriture humidifiée (juste assez pour transférer l'odeur sur le jouet, sans pour autant donner envie à votre chien de l'avaler !). Agitez doucement le jouet devant la gueule du chien et, s'il le mord, tirez dessus en douceur pour débuter un jeu de traction. Encourager son chien à relever ce type de défi est une excellente façon de lui donner envie de s'amuser avec le jouet et avec vous !

058 CALMER L'ANGOISSE DE LA SÉPARATION

Certains chiens, chiots ou adultes, n'aiment pas rester seuls à la maison. Dans les cas extrêmes, ils deviennent nerveux, agités, et déchargent leur tension en mordillant des objets (chaussures ou meubles), en grattant les portes, en aboyant, en urinant et déféquant partout dans la maison, ou en essayant désespérément de franchir un obstacle pour aller vous retrouver. Si c'est le cas de votre chien, il est important de comprendre qu'il ne le fait pas exprès : il subit un stress incontrôlable et a donc besoin de votre aide et de votre compréhension.

FAIRE GARDER SON CHIEN Si les séparations angoissent votre chien, essayez de réduire leurs durées. Une heure d'absence vaut mieux qu'une journée. Si vous devez vous absenter longtemps, vous pouvez peut-être le faire garder par une personne qui lui donnera tous les soins et l'attention dont il a besoin.

RASSURER SON CHIEN Un dresseur vous donnera des techniques permettant de limiter l'angoisse de votre chien. La technique standard consiste à quitter la maison, à attendre 2 minutes pour rentrer et à recommencer pour enseigner au chien que vous revenez toujours. Augmentez progressivement le temps passé à l'extérieur, en espérant que votre chien finisse par considérer que les longues absences ne sont pas un problème.

PROPOSER UNE CAISSE À SON CHIEN Avec l'aide d'un dresseur, vous pouvez apprendre à votre chien à passer du temps dans une caisse confortable ou un parc lorsque vous n'êtes pas là. S'il apprend à aimer cet environnement et à s'y sentir en sécurité, il sera plus rassuré durant vos absences.

059 ADOPTER UN AUTRE ANIMAL

Certains chiens, notamment ceux ayant un fort instinct de meute (husky, beagle), détestent rester seuls. Les beagles ont en outre des cordes vocales à toute épreuve ! Pensez à inviter un congénère qui restera avec votre chien une journée et voyez comment les choses se passent. Si tout se déroule bien, pensez à prendre un second chien, non seulement pour ajouter de la joie dans la maison mais aussi pour que le premier ne soit plus jamais seul.

060 COMMENT PRÉVENIR LES PLEURS DE SON CHIEN

On sait que les loups hurlent pour appeler les membres de leur meute. Si votre chien souffre d'une angoisse de séparation, vous avez peut-être remarqué qu'il n'a pas perdu cet instinct ancestral. Les chiens tristes, seuls, inquiets ou qui s'ennuient peuvent faire beaucoup de bruit pour faire passer le message, lorsque vous vous absentez.

L'angoisse de la séparation prend des formes et des niveaux d'intensité très variés, mais si votre chien pleure, hurle ou aboie lorsqu'il est seul et perturbe vos voisins, il faut absolument trouver une solution pour lui, votre entourage et vous-même ! Voici quelques moyens de le calmer et de conserver la paix dans votre foyer.

1 METTRE EN PLACE UNE ROUTINE QUOTIDIENNE

Les chiens qui arrivent dans un nouveau foyer vocalisent souvent lorsqu'ils sont seuls. Il est possible qu'ils ne soient tout simplement pas certains du retour de leur maître. Mettez en place une routine solide alternant repas, périodes de jeu et d'exercice, week-ends compris. Même si votre routine change d'un jour sur l'autre, assurez-vous que cela ne soit pas le cas de celle de votre chien.

2 FAIRE FAIRE RÉGULIÈREMENT DE L'EXERCICE

L'énergie s'accumule chez votre chien et elle doit sortir d'une façon ou d'une autre. Il vaut mieux que ce soit en courant qu'en chantant le blues à tout le quartier pendant vos absences. Avant de partir, emmenez votre chien promener ou jouez avec lui. Faites suffisamment durer la session pour qu'il soit bien fatigué et ait envie de faire une bonne sieste. L'exercice provoque des décharges de sérotonine qui donnent à votre animal un sentiment de bien-être et de calme, et cela sans aucun médicament.

3 LAISSER LA RADIO OU LA TÉLÉ ALLUMÉE

Laisser la radio ou à la télé allumée est un moyen généralement efficace de réconforter votre chien en votre absence. Montez suffisamment le volume pour qu'il ait l'impression que des gens parlent dans la pièce. Faites des essais avec de la musique, si votre chien aime ça. Peut-être de la musique classique avec Bach ou Mozart...

4 DONNER UN JOUET QUI SE MANGE

Il s'agit en réalité d'un jouet qui s'ouvre et délivre des friandises ou des croquettes. Donnez-lui juste avant de partir afin de l'occuper durant votre absence. Assurez-vous que le jouet est adapté à la taille de votre chien. Mieux encore, faites en sorte d'en avoir plusieurs de façon à les faire tourner et de proposer de nouvelles énigmes à résoudre à votre chien.

5 HABITUER SON CHIEN AUX DÉPARTS

Habituez progressivement votre chien à votre absence en faisant plusieurs allers-retours successifs et en vous éloignant un peu plus à chaque fois, avant de partir réellement. Votre chien pensera que vous allez revenir et aura moins de raisons de pleurer.

6 PARTIR EN TOUTE SIMPLICITÉ

Lorsque vous vous apprêtez à partir, prenez vos affaires et partez comme si vous alliez revenir tout de suite : pas de grands câlins, bisous ou adieux dramatiques. Ne dites pas : « au revoir mon petit cœur ! Tout ira bien ! Maman revient bientôt ! » Ce type de message pourrait faire penser à votre chien que vous partez pour toujours (une heure peut sembler un temps infini à un animal).

7 HABITUER SON CHIEN À SA CAISSE

Consultez un dresseur pour habituer votre chien à se trouver à l'aise dans un espace confiné. Une fois le dressage réalisé, vous pouvez mettre votre chien dans sa caisse 5 minutes avant votre départ et partir sans rien dire. Essayez donc avec une caisse de transport pour avion qui donne un plus grand sentiment de sécurité. Ne la recouvrez pas d'une couverture : votre chien tirera dessus et la mangera. Assurez-vous qu'il ne pourra pas non plus manger le matelas installé dans la caisse.

8 UTILISER DES REMÈDES NATURELS

De nombreux magasins (boutiques de produits bio, ou spécialement pour les animaux) proposent des infusions et des remèdes homéopathiques censés calmer les animaux. Les réactions sont très diverses, mais il ne coûte rien d'essayer. Vous pouvez aussi faire l'essai d'un collier anti-stress.

9 INVESTISSEZ DANS UN PETIT VÊTEMENT CONFORTABLE

Un petit vêtement moulant adapté à votre chien pourra le rassurer lorsqu'il est seul à la maison. Cette solution donne souvent de bons résultats. Parlez-en avec votre vétérinaire.

061

COMPRENDRE LES SAUTS DE SON CHIEN

Il est normal qu'un chiot saute sur d'autres chiens pour les saluer, mais certains chiens sautent pour se grandir et affirmer leur statut plus élevé dans la meute. De la même façon, les chiens sautent sur les gens pour les saluer ou pour établir leur domination. On trouve souvent mignons les sauts d'un petit animal, mais les mêmes sauts réalisés par des chiens de taille moyenne ou grande peuvent être effrayants voire dangereux.

062 GARDER LES PATTES PAR TERRE

Lorsque de gros chiens sautent, les petits enfants et les personnes âgées sont particulièrement vulnérables. Même un petit chien peut créer des problèmes en posant ses pattes boueuses sur le pantalon blanc de votre voisin. Suivez ces consignes pour apprendre à votre chien à garder les pattes par terre, en animal bien élevé qu'il est.

SE DÉTOURNER Lorsque votre chien saute, ignorez-le et tournez-lui le dos. Pour que cela fonctionne, tout le monde doit agir de concert, famille et amis, en se retournant et en ignorant l'animal qui saute.

RESTER TRANQUILLE Enfants et adultes qui crient, font du bruit ou bougent beaucoup encouragent le chien à sauter. Les enfants comprennent parfois mieux quand on leur dit d'être figé comme une statue.

REGARDER AILLEURS Lorsque votre chien saute, tournez-lui le dos car le regarder serait une récompense. En revanche, félicitez-le lorsqu'il arrête de sauter et, s'il recommence, changez-vous de nouveau « en statue ».

RÉCOMPENSER L'ABSENCE DE SAUT Si votre chien garde les pattes par terre, saluez-le à votre manière : regardez-le, caressez-le, parlez-lui et félicitez-le. Il comprendra rapidement qu'il ne doit pas sauter pour vous saluer.

DONNER L'ORDRE DE S'ASSEOIR Si votre chien a appris cet ordre, demandez-lui de s'asseoir avant qu'il n'ait eu le temps de vous saluer. Cela devrait l'arrêter même s'il s'apprêtait à sauter.

063 PLANIFIER UNE SÉANCE DE SAUTS

Si votre chien ne peut s'empêcher de sauter de joie, vous pouvez planifier des moments où vous lui demanderez de sauter et où il se laissera aller. Transformer le saut en un ordre spécifique est une bonne façon de lui faire comprendre à quel moment il convient de sauter. N'oubliez pas de faire des séances suffisamment longues au cours d'une course ou durant une randonnée pour que votre chien les associe aux sauts autorisés. Et vous pouvez toujours essayer de sauter en même temps !

QUE PENSER DE ?

GARDER LES PATTES PAR TERRE

N'utilisez jamais les genoux, les mains, les pieds ou les jambes pour repousser un chien qui saute. Ce type de réaction risquerait de renforcer le comportement indésirable. La meilleure chose à faire est d'ignorer votre chien, de vous détourner en croisant les bras, afin d'éviter une réaction réflexe.

064 STOPPER LES LÉCHOUILLES

Certains chiens n'aiment ni lécher ni faire des bisous, alors que d'autres semblent ne jamais pouvoir s'arrêter. Les chiots aiment lécher la bouche, c'est instinctif : après le sevrage, les louveteaux agissent ainsi pour encourager leur mère à régurgiter une partie de son déjeuner. Vous trouvez peut-être ce procédé charmant, mais d'autres le considèrent peu hygiénique et socialement inacceptable. Voici comment faire perdre cette habitude à votre chien.

L'ÉLOIGNEMENT Si votre chien vous lèche le visage, il cherche à attirer votre attention, tout comme un animal qui saute sur les gens. Ne récompensez pas cette attitude en lui prêtant attention. Au contraire, éloignez-vous de votre animal.

LE COMPLIMENT Ignorez avec constance ce comportement indésirable et assurez-vous que tout le monde fasse comme vous. Lorsque le chien arrive sur vous sans vous lécher, faites-lui de nombreux compliments et pratiquez le renforcement positif pour qu'il comprenne quel type de comportement vous attendez de lui.

LE JOUET Vous pouvez détourner l'envie de lécher de votre chien sur un jouet. Faites attention à lui donner le jouet avant qu'il commence à lécher, sinon il prendrait ce geste pour une récompense. Votre chien comprendra rapidement quels types de comportement lui apportent l'affection et l'attention désirées.

065 RÉDUIRE LE MÂCHONNEMENT

Les chiots testent tout par la bouche et tendent à le faire plus encore lorsqu'ils apprennent à ne pas mordre en testant sur leur fratrie l'intensité de pression de mâchoire acceptable durant le jeu. S'il n'est pas convenablement dressé, le chien adulte continuera à mâchonner et cela pourra devenir un problème. Même si cela se distingue de la morsure et de l'agression car aucune pression n'est exercée avec la mâchoire, ce comportement peut mettre mal à l'aise, voire inquiéter. Cette pratique a surtout lieu pendant le jeu, durant des moments d'excitation et, parfois, dans une situation stressante. Suivez cette procédure simple pour enrayer ce comportement indésirable.

ÉTAPE N° 1 Encouragez votre chien à vous lécher la peau en douceur en vous enduisant le dos de la main d'un peu de sauce ou de fromage à tartiner.

ÉTAPE N° 2 Alors que votre chien vous lèche la main, renforcez ce comportement en lui ordonnant : « doucement ! ».

ÉTAPE N° 3 Si votre chien commence à mâchonner et que vous sentez une pression de sa mâchoire, retirez la main. Vous n'avez pas besoin de dire un mot, le fait d'enlever ce qu'il veut suffira.

ÉTAPE N° 4 Lorsque le chien a bien appris sa leçon en répétant ce processus, vous pouvez dire « doucement ! » dès qu'il commencera à mâchonner : il se souviendra de l'ordre et ajustera son comportement en conséquence.

ÉTAPE N° 5 Récompensez votre chien en lui disant « bon chien », lorsqu'il arrête de mâchonner. En termes de renforcement positif, votre compliment apaisant sera aussi efficace qu'une friandise.

066 CONNAÎTRE LES ORIGINES

Pour comprendre les instincts profondément ancrés des chiens, il faut connaître certaines spécificités de leur plus proche parent : le loup. Ce remarquable prédateur chasse en meute et peut s'emparer d'une proie aussi imposante qu'un élan. La plupart des races canines actuellement connues ont été élevées pour mettre en évidence certaines facettes du comportement du loup, notamment sa séquence prédatrice. Celle-ci se décompose en plusieurs étapes : repérage, traque, chasse, prise, mise à mort, dissection, consommation. Les chiens courants, tels que le beagle, sont spécialisées dans la poursuite à la trace de leurs proies. Les chiens d'arrêt (setter irlandais) excellent à lever les proies. Les chiens chassant à vue (lévrier) ont été élevés pour exceller dans la partie « prise en chasse » de la séquence. Les chiens de bergers (border collie) chassent et traquent remarquablement, mais ils concentrent leurs efforts sur le contrôle des mouvements du bétail. Les terriers (Jack Russel) n'ont pas leur pareil pour capturer et tuer des proies. De nos jours, la grande majorité des chiens sont de charmants animaux familiers et il s'agit de contenir toute tendance carnassière indésirable.

067 COMPRENDRE LES INSTINCTS DE CHASSEUR DE SON CHIEN

De nombreux chiens chassent, capturent et tuent des proies de manière instinctive. Ce désir de chasser et d'attraper est l'instinct de chasseur, qui peut être à la base du désir de votre chien de chercher et trouver une balle, de sortir un jouet caché sous une pile de vêtements ou de le secouer violemment une fois que vous l'avez lâché. Les jouets sonores sont particulièrement appréciés des prédateurs qui jouent.

À L'INTÉRIEUR

L'instinct de chasseur n'est généralement pas un problème dans la maison où chiens, chats et lapins peuvent s'entendre parfaitement. En revanche, cela devient problématique si votre chien chasse instinctivement les autres chiens et chats de la maisonnée et que vous ne faites rien. La chasse n'est souvent qu'un jeu, mais vous devez vous assurer que personne n'y laisse de plumes (ou plutôt de poils !).

À L'EXTÉRIEUR

L'instinct de chasseur peut être un problème lorsque vous promenez votre chien et qu'il s'élance à la poursuite d'un plus petit ou qu'il tire sur sa laisse pour tenter d'attraper un chat croisé sur son chemin. Ce même désir peut le pousser à traverser une route séance tenante. Il est donc essentiel de comprendre l'importance de cet instinct chez votre chien et d'agir pour le protéger lui, mais aussi tous les animaux qu'il rencontre.

068

EMPÊCHER SON CHIEN DE POURCHASSER LES JOGGERS

Chez certains chiens, l'instinct de chasse qui les pousse à pourchasser instinctivement les autres animaux peut se déplacer sur les joggers. Pour votre chien, ce sera un jeu, à moins qu'il ne se sente menacé par les mouvements rapides du jogger et qu'il pense ainsi vous défendre.

Quelle que soit la raison, cela peut effrayer le coureur et vous obliger à lutter pour garder le contrôle de votre chien en laisse.

Une façon évidente de résoudre le problème consiste à promener votre chien dans des lieux où personne ne court. Mais cela n'est pas toujours possible et il vaut mieux débarrasser votre chien de ce comportement.

Pour le dresser à ne pas pourchasser les gens, observez le moment où il fixe les yeux sur un jogger et profitez-en pour l'appeler et lui offrir une friandise. C'est ce qui permettra à votre chien de porter son attention sur vous. Vous pouvez aussi courir avec lui à vos côtés : il prendra ainsi l'habitude de voir des gens courir.

069 EMPÊCHER SON CHIEN DE POURCHASSER LES VOITURES

Lorsqu'un chien a tendance à pourchasser les vélos ou les voitures, ce n'est pas seulement ennuyeux pour vous, c'est aussi un danger potentiel pour les autres. Voici quelques astuces pour que votre chien ne soit pas tenté.

ÉVITER LES DANGERS Un cycliste peut aisément être renversé s'il est pourchassé par un gros chien ou se blesser en tentant d'en éviter un petit. Votre chien pourrait se mettre en danger en se frayant un passage dans la circulation. Surveillez-le constamment pour que tout le monde soit en sécurité.

S'ASSURER QUE L'ESPACE EST CLOS Si, depuis une cour, votre chien voit des vélos et des voitures passer, assurez-vous qu'il ne pourra pas s'échapper. Si nécessaire, placez un matériau opaque sur la barrière afin que votre chien ne voie pas l'extérieur.

METTRE UN HARNAIS Lors d'une promenade, gardez la laisse bien enroulée autour de votre poignet et soyez prêt à tirer si votre chien montre l'envie de s'élancer. S'il a l'âme d'un chasseur, utilisez un harnais pour éviter que sa tête sorte de son collier et qu'il se blesse le cou.

RÉCOMPENSER UN BON COMPORTEMENT Lorsque votre chien s'apprête à pourchasser un vélo ou une voiture, attirez son attention en l'appelant et en lui donnant une récompense lorsqu'il vous répond. S'il fait la sourde oreille, il est temps d'aller consulter un dresseur professionnel.

QUE PENSER DE ?

L'ÉTAT DE SANTÉ DES CHIENS DE RACE

Dans la nature, des animaux de même espèce se croisent et restent génétiquement sains. La pratique consistant à sélectionner des races pour une certaine caractéristique pure a conduit de nombreux chiens à hériter de caractères génétiques anormaux : chiens aveugles, souffrant de dysplasie ou d'autres maladies débilitantes. Même certaines caractéristiques appréciées par les gens, comme la truffe écrasée ou le petit corps trapu, sont des traits physiques qui provoquent des problèmes de santé chez les chiens. C'est pourquoi nombreux sont ceux qui préfèrent les chiens de races mélangées, parfois appelés « bâtards », qui ont moins de problèmes génétiques et présentent des allures uniques. Si vous recherchez un chien d'une race précise et que vous vous adressez à un éleveur, assurez-vous qu'il s'agit d'une personne responsable, qui pratique des tests génétiques et trouve des foyers pour tous ses chiots. N'oubliez jamais que les chiens sont uniques et que deux chiens d'une même race, voire nés de mêmes parents, auront des personnalités distinctes. Il ne faut donc pas imaginer que tous les chiens d'une race donnée sont identiques. Ceci étant dit, il existe cependant des tendances et des caractéristiques qui seront plus susceptibles d'être présentes chez certaines races.

070 CONNAÎTRE LES RACES

Les chiens appartiennent à une seule espèce et peuvent donc tous se reproduire entre eux et faire l'objet d'élevage. Le terme « race de chien » ne correspond à aucune réalité scientifique, même si leurs normes et standards sont définis par le LOF (Livre des Origines Français). L'expression « chien de race » vient d'un malentendu en matière de génétique et se fait l'écho d'un désir de créer la « pureté » par la sélection. Il n'y a pas de différence qualitative entre un « chien de race » et un « chien de races mélangées ». Ils font tous partie de la grande et belle famille canine ! Avec le temps, des chiens ont été sélectionnés pour favoriser et perpétrer certains traits distinctifs et certaines races elles-mêmes sont le fruit de croisements entre deux races déjà définies.

Le chien aurait commencé à vivre avec l'homme il y a 100 000 ans. Il y a 12 000 ans, l'homme a commencé à le faire travailler, ce qui le poussa à vouloir favoriser certains traits de l'animal et certaines de ses aptitudes. On a donc formé des races de chiens de chasse, de chiens de garde et de chiens de berger, protégeant les maisons, le bétail ou combattant aux côtés des soldats. La plupart des races de chiens ont été créées pour mettre en avant des comportements jugés utiles, comme être capable de poursuivre le gibier ou de le rapporter. Aujourd'hui et depuis longtemps déjà la plupart des sélections sont uniquement basées sur des critères esthétiques.

071 IDENTIFIER LES DIFFÉRENTS TYPES DE CHIENS

Puisque les races sont le résultat d'une sélection humaine et non le fait de la sélection naturelle, les regroupements semblent parfois être arbitraires. Il arrive qu'une race soit reconnue comme spécifique dans un pays alors qu'elle n'est considérée que comme un type d'une autre race (pour un changement de couleurs ou de types de robes) par les spécialistes d'autres pays. Il reste néanmoins intéressant et utile de faire des recherches historiques si vous avez un chien de race ou dont les traits sont très marqués, dans la mesure où cette recherche pourra expliquer certaines facettes de son comportement.

Pour comprendre le vaste spectre constituant les races actuellement connues, vous pouvez utiliser les catégories ci-dessous. N'oubliez cependant pas que de nombreuses races ne rentrent pas dans celles-ci et que les experts sont en désaccord sur les origines de nombreuses races de chien.

CHIENS COURANTS Ces chiens de chasse spécialisés dans la poursuite du gibier agissent souvent en meutes.

CHIENS D'ARRÊT Ces chiens (épagneul, retriever) sont des chasseurs et des nageurs.

CHIENS D'UTILITÉ Ce groupe se compose de chiens élevés pour garder ou tirer des charges.

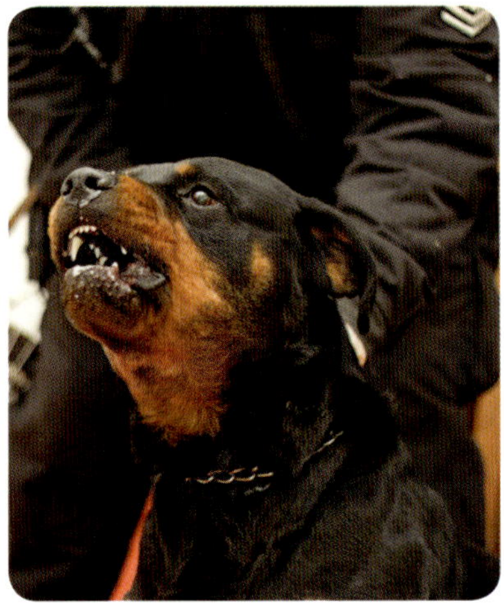

CHIENS DE BERGER Les chiens de berger, qu'il s'agisse notamment de bergers, de collies ou de bouviers, conduisent et contrôlent le bétail.

TERRIERS Les Jack Russel et les Yorkshire terriers, destinés avant tout à chasser les rongeurs, appartiennent au groupe des terriers.

RACES MINIATURES Ces chiens minuscules (comme le loulou de Poméranie) font office de peluches vivantes et de compagnons.

072 CHOISIR UN CHIEN COURANT

À l'origine, les chiens courants étaient élevés pour assister les chasseurs. Il en existe deux types principaux : ceux qui chassent à vue et ceux qui utilisent un odorat particulièrement développé.

Les premiers, comme les lévriers, sont extrêmement rapides. Ils aiment sprinter, mais peuvent aussi apprécier de rester à vos côtés une fois qu'ils se sont défoulés.

Qu'il s'agisse des beagles, des limiers ou des coonhounds, leur odorat exceptionnellement développé est souvent associé à un fort instinct de meute et à une énergie illimitée.

Présents chez tous les chiens courants, ces traits peuvent devenir problématiques si votre chien tient absolument à suivre une trace qu'il a repérée, s'il disparaît dans les bois à la poursuite d'une proie invisible ou tire comme un fou sur sa laisse pour chasser un animal qui croise son chemin. Certains de ces chiens ont un aboiement très sonore et ininterrompu, ce qui peut les rendre très impopulaires auprès de vos voisins pendant vos absences.

Tous ces chiens, qu'ils soient de race ou non, sont d'abord des individus et, si vous pensez acquérir un chien de ce type, vous devrez donc d'abord apprendre à connaître l'animal et vérifier s'il est bien adapté à votre style de vie.

QUESTION AU VÉTÉRINAIRE

EST-CE IMPORTANT QUE LA TRUFFE DE MON CHIEN SOIT SÈCHE OU MOUILLÉE ?

La truffe d'un chien est sa meilleure amie. L'animal « voit » le monde avec sa truffe, repérant des odeurs indétectables pour les hommes. Il est donc important qu'elle reste saine.

La truffe d'un chien en bonne santé est froide et humide, mais elle peut être sèche et chaude sans que l'animal ne soit malade. La température et l'humidité varient d'un jour à l'autre et même durant la journée. L'appétit et le niveau d'énergie sont des indicateurs plus fiables de l'état de santé du chien. En revanche, si vous remarquez un écoulement au niveau de la truffe de votre chien, vous devrez consulter un vétérinaire. Il pourrait s'agir d'une infection ou de la présence d'un corps étranger, comme par exemple un brin d'herbe, dans une narine.

073 DÉCOUVRIR DIX CHIENS COURANTS

La chasse ayant perdu sa popularité dans de nombreux pays, certaines races de chiens courants sont devenues rares, même dans leurs pays d'origine. D'autres ont évolué pour devenir de bons compagnons du foyer. Taillés pour la vitesse, les chiens chassant à vue ont des formes longilignes avec une poitrine profonde et des pattes puissantes. Lévriers anglais et afghans, barzoïs et salukis sont appréciés pour leur élégance et leur calme. Les chiens qui suivent à la trace présentent des physiques plus diversifiés, mais se caractérisent néanmoins par de longues oreilles pendantes et de larges truffes. Les chiens courts sur pattes poursuivent de petites proies, alors que ceux dotés de pattes longues et puissantes chassent les plus rapides.

LÉVRIER ANGLAIS

C'est l'archétype du chien chassant à vue avec une poitrine profonde, de longues pattes puissantes et un long museau.

LÉVRIER NAIN

Il ressemble à un modèle réduit du lévrier anglais et possède son calme. Ce chien est très rapide et demande peu de soins.

SALUKI

Il ressemble à un lévrier anglais avec des poils longs. Cette race ancienne et élégante est connue depuis l'Égypte antique.

LÉVRIER AFGHAN

Ce lévrier chassant à vue présente une longue robe soyeuse qui le protège du rude climat de ses montagnes d'origine.

BARZOÏ

Appelé aussi « lévrier russe », le barzoï est élevé pour chasser les loups. Ce chien court à une vitesse remarquable et fait preuve d'un grande force.

BEAGLE
Ces chiens sont difficiles à dresser, comme beaucoup de chiens de meutes, et plus enclins à suivre leur truffe que les ordres.

SAINT-HUBERT
Il s'agit du plus ancien des chiens chassant à la trace. Il est aussi le plus connu avec son air triste que dément sa vivacité.

BASSET
Qu'il soit de pure race ou issu d'un croisement, le basset rappelle le Saint-Hubert. À l'origine, il fut élevé pour chasser les lapins.

COONHOUND NOIR ET FEU
Élevée pour la chasse, cette race américaine est issue d'un croisement entre le Saint-Hubert et des chiens chasseurs de renards.

TECKEL
Malgré son air comique, ce chien d'origine allemande au caractère fougueux était élevé pour chasser les blaireaux.

074 RECONNAÎTRE UN RETRIEVER

Les retrievers, tout comme les fameux caniches, ont d'abord été élevés pour la chasse, mais sont devenus d'extraordinaires chiens domestiques. En fait, presque tous le chiens sont adaptés aux familles, mais les retrievers le sont particulièrement : ils ont beaucoup d'énergie, aiment jouer à la balle et sauter dans l'eau. Ces chiens sont de bonne taille, vous devrez donc avoir de la place dans votre véhicule et chez vous.

LES CANICHES Ces chiens sont célèbres pour leurs tontes. Leur pelage ne présente pas naturellement une peau rasée et les petits pompons à certains endroits qui les distinguent de tous les autres chiens. La tonte remonte à l'époque où les caniches aidaient les chasseurs à rapporter le gibier d'eau : elle était pratiquée sur certaines parties du corps et pas sur d'autres pour favoriser les qualités de nageur du chien. Les caniches ont des poils épais qui ne tombent presque pas. Ils conviennent donc généralement bien aux personnes allergiques.

LES LABRADORS Depuis des décennies, ils font partie des chiens les plus appréciés au monde. Élevés pour travailler avec leurs propriétaires, ce sont des compagnons affectueux et faciles à vivre. Ils adorent manger et risquent de devenir obèses si leurs rations ne sont pas contrôlées ou s'ils ne font pas suffisamment d'exercice pour tempérer leur appétit vorace. Ils se caractérisent par leur queue épaisse appelée fouet. Leur pelage est noir, chocolat ou sable, et quelle que soit leur couleur, les labradors ont très bon caractère.

075 CANALISER SON ÉNERGIE PAR LE JEU

Votre chien est-il follement excité lorsque vous rentrez à la maison ? Vous saute-t-il dessus ? Et, même si c'est adorable, auriez-vous envie qu'il soit un petit peu plus calme ? La prochaine fois, jouez à la balle avec lui dès votre retour afin de rediriger l'excitation non plus sur vous mais sur le jeu. Gardez des balles de tennis à portée de main de manière à pouvoir les lancer dès que vous ouvrez la porte. Ainsi, votre chien aura une activité sur laquelle se concentrer et vous l'aiderez à canaliser son énergie. Si vous avez une cour ou un jardin, n'hésitez pas à le laisser sortir s'il semble avoir besoin de se dégourdir les pattes.

076 DÉCOUVRIR DIX CHIENS D'ARRÊT

Ces compagnons de sport sont des chiens de taille moyenne ou grande qui répondent bien au dressage. Ils ont néanmoins besoin d'être stimulés physiquement et psychiquement et risquent de développer des comportements problématiques si leurs besoins ne sont pas couverts, ce qui est en réalité le cas de tous les chiens. Ce sont des créatures bruyantes et énergiques, excellemment représentées par le golden retriever et le labrador. Passés maîtres dans l'art d'aller chercher des objets lancés, les labradors et les races proches sont dressés pour mener à bien toutes sortes de tâches : conduire les aveugles, porter secours aux personnes, détecter les drogues et les explosifs.

GOLDEN RETRIEVER
Chiens à la popularité jamais démentie, les goldens, ainsi que leurs croisements, sont réputés pour leur bon caractère et leur robe jaune ambre.

LABRADOR
La plupart adorent l'eau. Si vous craignez la boue sur vos meubles, il vaudra mieux chercher ailleurs le chien de vos rêves.

ENGLISH SPRINGER
Il est élevé pour lever les oiseaux sur lesquels va tirer son maître. Le springer est un chien débordant d'énergie.

CANICHE
Les caniches, quelle que soit leur taille, sont intelligents et dynamiques. Ils peuvent se montrer très obéissants et sont d'excellents nageurs.

POINTER
C'est un chien sportif qui déborde d'énergie. Il a été élevé pour signaler les proies. Il a généralement un instinct de chasseur très développé.

VIZSLA
Même élevé comme chien de compagnie depuis son plus jeune âge, il adopte souvent instinctivement la posture du pointeur avec une patte levée.

BRAQUE DE WEIMAR
Ce braque est notamment connu pour sa magnifique robe grise à reflets. Il est généralement amical et obéissant.

ÉPAGNEUL COCKER ANGLAIS
Les épagneuls cockers anglais ou américains sont généralement des chiens drôles et gentils.

RETRIEVER DE NOUVELLE-ÉCOSSE
L'instinct des chiens de cette race les pousse à nager pour attirer l'attention du gibier d'eau.

SETTER IRLANDAIS
Le setter est un gros chien avec un fort caractère. Bienveillant, il est idéal pour les familles énergiques.

077 DÉCOUVRIR DIX CHIENS D'UTILITÉ

Il est compliqué de dresser le portrait du chien d'utilité typique, mais beaucoup ont en commun une large carrure et un physique impressionnant. Les chiens de type mastiff ont originellement été élevés comme chiens de combat. Ils accompagnaient les soldats pendant les conflits, quand ils n'étaient pas utilisés dans des combats de chiens. Par conséquent, certaines races ont développé des comportements naturellement agressifs à l'égard des autres chiens et des inconnus, même s'ils peuvent se montrer très doux avec les membres humains de leurs clans.

HUSKY
Ces magnifiques chiens aux airs de loups sont des coureurs infatigables qui survivent à des températures glaciales.

CHOW-CHOW
Connus pour leur méfiance instinctive des inconnus et leur dévotion à leur maître, les chow-chow sont de formidables animaux de compagnie.

ROTTWEILER*
Souvent utilisés comme chiens de garde, ils peuvent être très gentils mais qu'on réservera à des maîtres expérimentés.

DOBERMAN
Ces chiens sont souvent très intelligents et obéissants. Très beaux, ils se déplacent avec la grâce d'un cerf.

BOXER
Ce chien est l'archétype du bouledogue. S'il fut d'abord élevé pour combattre, le boxer est intelligent et affectueux.

*En France, la législation impose que ces chiens soient muselés et tenus en laisse par une personne majeure. Le propriétaire doit également obtenir une carte d'identification.

SAINT-BERNARD
Premier chien de sauvetage en montagne, le saint-bernard, très puissant, est d'un caractère tranquille.

MASTIFF
Ce chien est un colosse loyal, protecteur, au caractère doux. Ses croisements, moins stables, sont néanmoins interdits en France.

DOGUE DE BORDEAUX
Rendu célèbre par le film *Turner & Hooch* (1989), ce chien est un mastiff doté d'une tête massive et d'un bon caractère.

DOGUE ARGENTIN
Ces mastiffs à la robe blanche furent élevés pour chasser de gros animaux, comme les pumas et les sangliers.

GRAND DANOIS
Ce chien géant possède l'appétit correspondant à sa taille. Il est généralement affectueux et aime les exercices doux.

078 LE PROBLÈME DES TRÉSORS JALOUSEMENT GARDÉS

Votre chien est convaincu qu'il a en sa possession des trésors personnels. D'ailleurs, il n'hésitera pas à grogner si vous tentez de les lui retirer. Généralement, plus la valeur de l'objet lui semble élevée et plus votre chien voudra le conserver. Un oiseau mort ou un os récupéré chez le voisin peuvent être considérés comme des objets de grande valeur et le chien voudra absolument garder sa prise. Mais il pourrait tout aussi bien s'agir d'un jouet ou d'un chausson. Même si votre chien a toute la nourriture et l'affection dont il a besoin, son instinct peut ressortir et le pousser à vous empêcher de mettre la main sur son butin. S'il se comporte ainsi, demandez l'aide d'un dresseur professionnel pratiquant le renforcement positif. Un dresseur saura vous apprendre à lire le langage corporel de votre chien et lui enseignera à relâcher ses prises sur commande. Votre chien comprendra que c'est une bonne chose à faire en recevant une récompense en échange. Bien sûr, la récompense devra avoir plus de valeur que l'objet jalousement protégé. Finalement, votre chien n'éprouvera plus le besoin de défendre l'objet du litige, certain que vous saurez le lui donner et le reprendre au bon moment.

QUESTION AU VÉTÉRINAIRE

POURQUOI MON CHIEN ABOIE-T-IL TOUT LE TEMPS ?

Confronté à des aboiements incessants, ayez conscience qu'il s'agit souvent du symptôme d'un problème comme l'anxiété ou l'ennui. Ce symptôme ne disparaîtra que lorsque sa cause aura été traitée. Regardez et écoutez votre chien. Qu'est-ce qui provoque ses aboiements en votre présence ? C'est peut-être la même cause qui les provoque en votre absence. Une fois le problème identifié et résolu, tout devrait rentrer dans l'ordre.

079 POUR COMBATTRE L'ENNUI

Votre chien aboie peut-être simplement parce que, seul depuis trop longtemps, il s'ennuie. Posez-vous les questions suivantes.

QUESTION	Votre chien fait-il assez d'exercice ?	Votre chien est-il suffisamment stimulé mentalement ?	Votre chien est-il seul ?
RÉPONSE	Faites faire une longue promenade à votre chien et ses aboiements disparaîtront comme par magie, car il aura ensuite envie d'une bonne sieste. Si vous avez peu de temps, apprenez-lui à aller chercher des objets afin qu'il dépense un maximum d'énergie en un minimum de temps.	Donnez à votre chien un jouet à mâchonner qui l'occupera pendant votre absence. Ne le faites que quand vous partez, pour qu'il associe votre départ à un événement positif. Si vous avez plusieurs chiens, vous ne pourrez procéder ainsi car ils risqueraient de se disputer.	Si vous vous absentez souvent, vous aurez peut-être besoin de trouver une solution plus permanente. Vous pourrez demander à un proche de passer du temps avec lui en votre absence, ou bien, si votre chien s'entend bien avec ses congénères, envisager de prendre un second animal.

080 JOUER AVEC UN CHIEN MINIATURE

Les chiens miniatures sont populaires et pour une bonne raison. D'un point de vue pratique, ce sont les chiens qui causent le moins de dégâts et de dépenses. Mais, même s'ils sont économiques et faciles à vivre (qui ne préfèrerait pas ramasser les crottes d'un chien de 5 plutôt que de 50 kilos ?!), ils ont cependant besoin d'autant de soins que les autres. Ces modèles réduits de chien ne sont pas un phénomène nouveau. Déjà, les Pékinois servaient à réchauffer les aristocrates chinois il y a 2 000 ans et la Renaissance regorgeait de ces petits animaux qui excellent dans le rôle qui leur va le mieux : celui du chien adorable. Malgré tout, leur « mignonnerie » peut être une malédiction si c'est la seule raison pour laquelle on les adopte. Attention, la plupart de ces chiens miniatures ont des caractères de géants et, même si beaucoup tiendraient dans des pantoufles, ils peuvent se révéler de vrais durs à cuire.

QUE PENSER DE ?

METTRE UN CHIEN DANS UN SAC

Au cours des dernières années, un nouveau mode de transport des chiens miniatures est apparu : il s'agit de sac porté à l'épaule dans lequel le chien est placé avec les pattes pendantes. Ces sacs, qui connaissent une grande popularité aux États-Unis, sont cependant très critiqués. Un sac peut se révéler très utile si vous ne voulez pas laisser votre animal en laisse à l'entrée d'un magasin dans la mesure où vous pouvez ainsi le transporter tout en ayant les mains libres pour faire vos courses. Cependant, arborer un chien comme s'il s'agissait d'un accessoire de mode est totalement différent. Dans ce cas de figure, le chien ne peut ni se socialiser ni se dégourdir les pattes. Il se sent en outre très vulnérable puisqu'il est dans l'incapacité de réagir en cas de danger. Sur le long terme, le principal danger est facile à comprendre : une fois la tendance passée, puisque toutes les modes passent, le pourcentage d'abandons de ces chiens miniatures risque de monter en flèche.

081 FAIRE APPEL À UN CHIEN DE BERGER

N'importe quel chien peut être malin, mais les chiens de berger ont la réputation d'être les plus intelligents, comme le savent tous ceux qui ont regardé la série *Lassie*. Chez un chien, l'intelligence se caractérise par ses capacités d'attention, sa propension à interagir avec l'homme et son envie d'apprendre. Les races de chiens de berger (border collie, berger d'Écosse, berger allemand) ont besoin de beaucoup d'activités et d'interactions avec les hommes, puisqu'ils ont été originellement élevés pour suivre les ordres du berger, conduire et regrouper le troupeau. Ces chiens ont des pelages magnifiques qui les protégeaient autrefois du froid et des crocs des prédateurs (des loups, par exemple) menaçant les bêtes. Ils sont également gentils avec les enfants et, fait amusant, ont tendance par instinct à les regrouper dans une zone de jeu. Du côté des inconvénients, ces chiens ont tendance à mordiller les chevilles, et il va sans dire qu'il faut se méfier de leur comportement face au bétail.

082 DISSUADER SON CHIEN DE MORDILLER LES CHEVILLES

Certains chiens de berger, dont les border collies, sont bien connus pour leur tendance à mordre les chevilles, qu'il s'agisse de celles d'un mouton ou de celles du facteur. Ce n'est pas un mauvais comportement en soi, il est au contraire encouragé chez les chiens de berger car c'est ainsi qu'ils se font obéir des bêtes obstinées. Cependant, même si la morsure est légère et n'entaillera pas la peau, il peut être gênant et parfois douloureux de se faire mordiller les chevilles. Vous devrez donc dissuader votre chien d'agir ainsi. Il vaut mieux s'y prendre quand il est petit, mais si l'habitude perdure à l'âge adulte, l'aide d'un dresseur travaillant avec la méthode du renforcement positif pourra être nécessaire pour résoudre ce problème.

083 SIFFLER EN TRAVAILLANT

Dans de nombreux pays, les ordres sont donnés au chien de berger par un sifflet spécial, qui présente l'avantage d'être audible de loin et au-dessus du bêlement des moutons. Un chien bien entraîné comprend et interprète immédiatement les variations dans le nombre, la durée et les hauteurs de ton des coups de sifflet. C'est d'ailleurs assez stupéfiant d'observer, à l'occasion d'un concours, un berger et son chien guider des moutons indisciplinés, à travers différents obstacles, jusque dans leur enclos. Vous trouverez ci-contre des coups de sifflets caractéristiques. La plupart d'entre nous n'aura pas besoin d'apprendre autre chose que l'ordre de rappel, mais il vaut la peine d'expérimenter avec votre chien pour voir comment il répond à d'autres ordres présents dans votre répertoire !

ORDRE	SIGNAL	ACTION
Viens ici !	Trois coups courts	Le chien revient vers son maître.
Stop !	Un coup long	Le chien se couche et attend l'ordre suivant.
Approche !	Deux coups courts, sur le même ton	Le chien se dirige directement vers le bétail.
Longe !	Un coup court, un coup long	Le chien contourne le bétail dans le sens des aiguilles d'une montre.
L'autre côté !	Deux coups courts dont le ton monte et descend	Le chien contourne le bétail dans le sens inverse des aiguilles d'une montre.
Ralentis !	Quatre coups courts avec une brève pause après les deux premiers	Le chien est plus posé afin de calmer le bétail.

084 UN SPORT POUR SON CHIEN

Bien sûr, pour la plupart d'entre nous, il ne s'agira pas de contrôler nos chiens dans un troupeau de bêtes indisciplinées (au moins, pas volontairement !), mais les chiens de berger possèdent une énergie et une intelligence exceptionnelles, et ont besoin de se défouler. L'agility est un sport canin qui leur convient parfaitement. Le parcours d'obstacles (barrières de saut, tunnels souples et rigides, poteaux de slalom) permet de stimuler le plus intelligent des chiens. Voici quelques-uns des avantages de cette pratique.

UN DÉFI FAMILIER

Dans la nature, les chiens poursuivent leurs proies sur toutes sortes de terrains. Les parcours d'obstacles reproduisent ces défis naturels.

UN EXERCICE IDÉAL

Les parcours d'obstacles constituent un défi physique et mental très exigeant pour le chien. En accomplissant de tels parcours, il pourra ainsi renforcer ses muscles, améliorer son endurance et sa coordination.

ET POUR SON MAÎTRE

Votre chien ne sera pas le seul à s'amuser (ou à travailler !). Vous devrez courir à ses côtés, l'encourager et l'assister lorsqu'il saute ou rampe dans des tunnels. Vous serez rapidement très en forme vous aussi !

PARFAIT POUR LA COMPLICITÉ

Durant le parcours d'obstacles, votre chien et vous-même formez une équipe. Votre animal compte sur vous pour l'aider à franchir les obstacles en un minimum de temps. En conséquence, son apprentissage de l'obéissance progresse et il établit un lien plus fort avec vous.

085

DÉCOUVRIR DIX CHIENS DE BERGER

Deux types de chiens sont utilisés pour garder les troupeaux : les chiens de berger, comme le border collie, qui contrôlent les mouvements des bêtes, et les chiens de garde, dont la principale mission consiste à protéger le troupeau des loups et autres prédateurs. Ces chiens qui débordent d'énergie sont adroits et très intelligents. Ils travaillent en étroite collaboration avec le berger pour diriger le troupeau avec une autorité sereine. Le border collie de race est considéré comme le meilleur des chiens de berger du fait de sa grande intelligence et de son énergie à toute épreuve. Les chiens issus de croisements de border collies tendent à posséder des qualités qui en font d'excellents compagnons. Les chiens de garde, tels que le briard, sont généralement plus grands et dotés d'un épais pelage très protecteur.

BERGER ALLEMAND
C'est l'une des races de chiens les plus populaires, que l'on trouve aussi bien dans la police que parmi les troupeaux.

BERGER BELGE
Il existe différents types de berger belge, parfois considérés comme formant des races distinctes. Ces chiens sont vifs et intelligents.

BOUVIER AUSTRALIEN
Ce chien résulte d'un croisement entre le dingo d'Australie et le collie, destiné à créer des chiens de berger agiles et intelligents.

COLLEY À POIL LONG
Rendu célèbre par la série *Lassie*, ce chien est très populaire dans les familles dynamiques prêtes à tout pour qu'il garde sa forme.

BORDER COLLIE
Le collie classique a généralement une robe noire et blanche, mais d'autres couleurs existent, surtout si le chien est de race mélangée.

COLLIE BARBU

La plupart des collies barbus, de race ou non, sont des gardiens naturels. Ce sont des chiens aussi agiles qu'obéissants.

BOBTAIL

Connu pour son intelligence et sa gentillesse, le bobtail est dressé pour mener le troupeau sur de longues distances.

BRIARD

Grand et puissant, le briard fut d'abord élevé pour protéger le troupeau des loups et des braconniers. Sa robe est noire, grise ou fauve.

BERGER DE BERGAME

Ce chien de berger intelligent et indépendant est célèbre pour son pelage épais fait de longs nœuds.

KOMONDOR

Avec leur pelage cordé, ces chiens se distinguent à peine des moutons. Ils se fondent ainsi au troupeau qu'ils doivent protéger.

086 LE CHIEN QUI CREUSE

Les premiers chiens de terrier ont été élevés pour creuser des tunnels alors qu'ils s'élançaient à la poursuite de rongeurs et d'autres petits animaux comme les rats, les taupes, mais aussi parfois les renards. Cependant, comme la plupart des autres races, de nos jours on les élève surtout pour leur apparence. Les terriers sont des petits chiens plein d'énergie et dotés d'une forte personnalité.

Leur pelage est épais et raide, une particularité qui originellement protégeait leur peau lorsqu'ils devaient se déplacer dans des sous-bois envahis de ronces. Ils ont souvent gardé l'instinct de creuser et certains types de terriers sont réputés pour être de gros aboyeurs.

087 POURQUOI UN CHIEN CREUSE

Votre chien peut aimer creuser pour toutes sortes de raisons. Il s'agit en général d'un comportement parfaitement naturel à l'état sauvage, lié aux besoins de dénicher nourriture et abri.

JE CREUSE UNE TANIÈRE ! Certains canidés creusent de petites tanières pour se protéger des autres animaux et des éléments. Beaucoup ont conservé des reliques de ce comportement. Ils creusent le sol ou le piétinent en tournant sur eux-mêmes avant de s'allonger : c'est ainsi que les chiens sauvages se préparaient au sol un lit confortable et discret, en aplatissant les longues herbes. Quand il fait chaud, le chien creuse parfois pour ramener une terre humide et rafraîchissante en surface.

JE CHERCHE MON REPAS ! Lorsqu'un chien commence à creuser un véritable trou, c'est qu'il est sur la piste de quelque chose. Peut-être a-t-il relevé l'odeur d'un animal ou de quelque chose qui a été enterré. Un chien peut aussi creuser pour cacher ou récupérer un jouet, ou un os. C'est un autre comportement instinctif hérité de ses ancêtres qui enterraient la nourriture en trop pour la consommer plus tard.

088 CREUSER : UN PROBLÈME ?

Le fait d'avoir un chien qui aime creuser ne cause en général que de petits désagréments. Mais cette tendance peut aussi constituer un véritable danger.

TYPES DE PROBLÈMES RENCONTRÉS

- En creusant, votre chien peut détruire un parterre de fleurs ou votre pelouse.
- Les creux et les trous, qui transforment le sol en un parcours d'obstacles, peuvent être dangereux.
- Si votre chien creuse sous une barrière et s'enfuit, il risque de se mettre en danger.
- Le fait de creuser peut être un comportement névrotique dû à l'ennui ou au stress.

Si vous rencontrez ce type de problème, faites appel à un professionnel qui vous aidera à trouver les causes de ce comportement et la meilleure solution pour votre chien et pour vous-même.

089 METTRE EN PLACE UNE ZONE SPÉCIALE

Si vous ne parvenez pas à empêcher votre chien de creuser des trous, vous pouvez lui aménager une zone spéciale. Ce pourra être un coin de jardin, de terre ou même un bac à sable où il sera autorisé à creuser. Lorsqu'il creuse au bon endroit, félicitez-le ou donnez-lui une petite récompense. Si vous le prenez en flagrant délit de creuser ailleurs, un « non ! » fermement énoncé devrait suffire à lui faire comprendre son erreur.

PITBULL AMÉRICAIN

Ce chien créé pour le combat a mauvaise réputation. Il se montre pourtant le plus souvent affectueux et loyal.

WELSH TERRIER

Élevé pour chasser les loutres et les blaireaux, ce chien à poils durs est puissant, affectueux et intrépide.

FOX-TERRIER

Ce chien est réputé pour son intrépidité et sa curiosité, des caractéristiques typiques des terriers. Son poil peut être dur ou lisse.

JACK RUSSEL

Débordant d'entrain et de personnalité, les jacks sont trapus et athlétiques. Le terrier du révérend Russel (ou Parson Russel terrier) est doté de plus longues pattes.

BEDLINGTON

Doté d'une robe laineuse caractéristique, on le compare souvent à un agneau alors que c'est un chien hardi, originellement chasseur de blaireaux !

090 DÉCOUVRIR DIX TERRIERS

Du bull-terrier trapu à l'agile terrier de Manchester, ces chiens présentent des morphologies et des carrures variées. Bien que de petite taille, ils se comportent comme de gros chiens, se montrant particulièrement tenaces, intrépides, obstinés et indépendants. Les terriers débordent d'énergie et adorent explorer. Ils sont loyaux tout en étant indépendants, et très protecteurs à l'égard de leur famille. Ils peuvent être d'excellents chiens de garde mais tendent à beaucoup aboyer.

TERRIER DE MANCHESTER
Ratier tenace et agile, ce chien ressemble à un doberman miniature et tend à être tout aussi intrépide.

TERRIER ÉCOSSAIS
Avec ses longs poils qui forment comme des sourcils et une barbe, ce chien combatif est fougueux et sûr de lui.

WEST HIGHLAND WHITE TERRIER
Souvent loyal et affectueux, le « westie » est le type même du gros toutou coincé dans le corps d'un petit chien.

STAFFORDSHIRE TERRIER AMÉRICAIN
Élevé pour la chasse à l'ours et au taureau au XVIe siècle, ce chien trapu est connu pour sa gentillesse avec les humains.

DANDIE DINMONT TERRIER
Ce chien à la morphologie singulière, court sur pattes et la tête couverte d'un pelage pelucheux, était élevé pour chasser la loutre.

091 DÉCOUVRIR DES CHIENS DE RACES MÉLANGÉES

Ces chiens sont intelligents, sains et figurent parmi les meilleurs chiens de compagnie. Ce sont des chiens croisés, des bâtards ou des corniauds.

CHIEN CROISÉ Il s'agit d'un chien issu de races différentes et non d'une race unique, comme c'est le cas des chiens dits « de race ». Tout comme les humains peuvent avoir des ascendants originaires de différentes régions du monde, les chiens ont aussi parfois des origines variées.

HISTOIRE DES CHIENS DE RACES MÉLANGÉES Les chiens actuels seraient issus d'une espèce de loup ou d'un chien primitif. À un moment de leur histoire, les chiens ont commencé à vivre avec les hommes et, plus récemment, ceux-ci les ont sélectionnés pour en conserver certains traits distinctifs. Cependant, les croisements entre différentes races ont été fréquents et il existe un grand nombre de chiens qui n'ont pas de race précise. Pendant des siècles, le chien familial typique a été un chien de races mélangées aussi loyal que quelconque. On a pu aussi bien croiser des terriers que des bergers, des pitbulls ou encore des chihuahuas. Comme les chiens appartiennent à une espèce unique, tout croisement est a priori possible.

LA VÉRITÉ SUR LES « BÂTARDS » Ce terme, qui renvoie à des chiens de races mélangées, est souvent utilisé de manière péjorative. Pourtant, les personnes qui aiment les animaux ont bien compris qu'il n'y a rien de mal pour un chien à ne pas avoir de pédigrée.

Certaines personnes peuvent faire la moue devant l'absence de « pureté » d'un chien bâtard, mais cette idée de « pureté » renvoie simplement à une lignée qui a été construite sur la base de sélections volontaires. Ces sélections ont donné naissance à une grande variété de chiens (des grands danois aux teckels). Mais elles ont également provoqué des problèmes génétiques du fait de la consanguinité de chiens plus ou moins proches amenés à se reproduire entre eux afin d'isoler certaines caractéristiques physiques ou comportementales.

DES ANIMAUX ROBUSTES ET FIABLE Ces chiens ont généralement moins de problèmes génétiques que leurs congénères de race. Ils présentent toutes sortes de morphologies et de tailles, les rendent uniques et bien souvent irrésistibles. Les refuges restent les meilleurs endroits où les adopter. Tous les propriétaires de chiens de races mélangées vous diront que leur famille s'est enrichie d'un nouveau membre exceptionnel.

DRESSAGE

> « Ne marche pas devant moi, je ne suivrai peut-être pas. Ne marche pas derrière moi, je ne te guiderai peut-être pas. Marche juste à côté de moi et sois mon ami. »

ALBERT CAMUS

Le dressage assure la socialisation et la sécurisation de votre animal. Les chiens aiment ce type d'apprentissage car il les stimule mentalement et s'accompagne de félicitations et de friandises. Apprendre à son chien à obéir l'empêche de prendre de mauvaises habitudes et permet de modifier plus facilement ses éventuels comportements indésirables.

Tous les chiens devraient recevoir un dressage de base à l'obéissance, incluant l'apprentissage de leur nom et le retour systématique lorsqu'on les appelle. Des ordres tels que « viens ! » ou « lâche ! » pourraient bien sauver votre chien dans une situation où il constitue une menace pour lui-même ou pour les autres, comme par exemple si une porte reste ouverte et qu'il décide de s'engager dans une rue très fréquentée ou s'il a déniché un objet susceptible de le blesser. Des ordres basiques tels que « assis ! » et « couché ! » sont généralement acquis facilement. Même si vous n'avez pas d'objection à ce que votre chien saute sur vous, il vivra mieux s'il distingue les comportements désirables et indésirables. Aussi, savoir marcher en laisse lui permettra de se promener en toute sécurité.

Apprendre à votre chien à aboyer sur commande ou à donner la patte conviendra à tout animal qui apprécie d'être l'objet de l'attention. Ce type d'apprentissage stimulera mentalement votre chien et renforcera son lien avec vous. Les jeux, qui peuvent être de grands moments d'amusement, sont particulièrement utiles pour les chiens qui débordent d'énergie et qui ont besoin de beaucoup d'exercice.

N'oubliez pas de laisser votre ego de côté pendant l'apprentissage de votre chien. Ainsi, s'il aboie sur commande, il doit le faire parce que cela lui plaît et qu'il est récompensé. Si cela ne l'intéresse pas, vous devrez respecter son choix. Faites du dressage une expérience positive et amusante pour lui comme pour vous.

092 LAISSER DU TEMPS

Une fois le chien ramené chez vous, il aura besoin de quelques jours d'acclimatation. Il est normal que votre animal soit momentanément dérouté. Certains chiens se cachent et, parfois, ne s'alimentent pas pendant plusieurs jours. Mettez-vous à sa place : il a subi plein de changements et ignore ce qui l'attend. Donnez-lui quatre ou cinq jours pour s'habituer à l'idée que c'est là son nouveau foyer avant de commencer à le dresser à obéir.

Il y a cependant quelques petites choses que vous pouvez tenter sans attendre.

Ne transigez pas sur les règles de base. Si votre chien n'a pas le droit de monter sur les fauteuils, retirez-le gentiment ou attirez-le ailleurs chaque fois qu'il aura sauté dessus. Fixez les heures des repas et des promenades. Créez une routine autour du réveil et du coucher pour que votre chien sache qu'il va alors sortir pour faire ses besoins. Récompensez les bons comportements, comme rester couché par terre pendant que la famille prend ses repas, ou croiser avec calme des congénères et des personnes inconnues.

093 DRESSER SON CHIEN À L'OBÉISSANCE

Beaucoup de gens, surtout quand il s'agit de leur premier chien, se demandent s'il vaut la peine d'avoir recours aux services d'un professionnel pour le dresser à l'obéissance ou s'ils peuvent le faire eux-mêmes grâce à des manuels spécialisés, à Internet, etc. En réalité, les deux sont possibles. Il existe de nombreux dresseurs compétents qui vous apporteront beaucoup, et cela même si vous vous débrouillez sans doute très bien à la maison. En tout état de cause, le recours à un professionnel peut se révéler très utile. Durant les sessions de dressage, auxquelles vous participez avec votre chien, vous bénéficierez d'un environnement sûr dans lequel vous l'observerez se socialiser. Le dresseur est équipé pour résoudre tous les conflits éventuels. La présence d'autres personnes et d'autres chiens permettra de dresser le vôtre à l'obéissance tout en le laissant s'amuser.
Le professionnel vous donnera son avis sur la façon dont vous vous y prenez. Enfin, ces sessions vous permettront de vous faire de nouveaux amis avec lesquels vous aurez un formidable point commun : l'amour des chiens.

094 STOCKER DES FRIANDISES

Pour toucher le cœur des chiens, il faut généralement s'adresser à leur estomac ! Faites le plein de délicieuses friandises qui récompenseront votre chien pour son attention durant les sessions de dressage. Afin qu'il vous mange dans la main (littéralement !), sélectionnez des friandises de petite taille, qui ne le rassasieront pas trop vite mais lui donneront de l'énergie pour la suite.

Achetez un assortiment de friandises et faites-les tester par votre chien pour sélectionner ses préférées. Vérifiez leur nombre de calories afin qu'elles ne dépassent pas sa ration quotidienne. Bien sûr, ces friandises seront moins efficaces si votre chien n'a pas faim, fixez donc les sessions de dressage avant les repas.

FRIANDISES ET CALORIES Les friandises pour chiens peuvent être riches en graisses et en sucres, raison pour laquelle votre animal les trouve irrésistibles ! Elles sont donc très caloriques et doivent servir de récompenses spéciales en fin de session de dressage.

FRIANDISES À MÂCHER Peu caloriques, elles sont bonnes pour les dents et les gencives de votre animal. Il convient également de les réserver à la conclusion de sessions de dressage réussies. Du moment que votre chien ne risque pas de s'étrangler avec, elles seront des alliés inestimables lorsque vous l'habituerez à sa caisse.

095 LE DRESSAGE EN DIX COMMANDEMENTS

Dresser son chien revient également à se dresser soi-même. Le fait même que vous lisiez cet ouvrage témoigne de votre volonté de vous y prendre le mieux possible. Voici dix règles d'or à avoir en tête lorsque vous débuterez les sessions de dressage, sur lesquelles nous reviendrons en détail dans les pages suivantes.

1. Ne jamais frapper ou effrayer son chien.
2. Faire preuve de constance.
3. Faire preuve de patience.
4. Recourir au renforcement positif.
5. Apprendre d'abord les ordres qui sauvent.
6. Commencer lentement et en sécurité.
7. Faire des sessions brèves.
8. Déterminer son mode d'apprentissage.
9. Ne jamais arrêter.
10. S'amuser !

096 NE JAMAIS FRAPPER OU EFFRAYER SON CHIEN

Le dressage participe à la construction du lien avec votre chien. Il se passe des choses extraordinaires lorsque l'on commence à comprendre comment dialoguer avec lui alors que, de son côté, le chien saisit ce qui lui est demandé. Cela doit être une expérience positive qui consolide votre relation. Si vous introduisez des coups, des cris ou de la peur dans l'équation, vous ne consolidez que sa méfiance. Non seulement il est cruel de battre son chien, de lui crier dessus ou de lui faire peur, mais en plus cela ne fonctionne pas aussi bien, et de loin, que les méthodes de renforcement positif. Faites preuve de gentillesse envers votre chien et vous gagnerez son indéfectible loyauté.

097 FAIRE PREUVE DE CONSTANCE

Le plus beau cadeau que vous puissiez faire à votre chien est de lui permettre de savoir à quoi s'attendre et ce qu'on attend de lui. La constance est essentielle puisqu'elle permet à l'animal de savoir ce qui va arriver et comment il lui faudra réagir et, connaissant sa place dans la « meute », il pourra se détendre. Choisissez une méthode de dressage et gardez-la. Fixez les règles de base (ce qui est autorisé ou non dans la maison) sans jamais y déroger.
Par exemple, si vous avez appris à votre chien à rester assis et à attendre avant de lui donner son repas, faites le asseoir à chaque fois que vous lui donnez à manger. Un chien qui n'a pas d'emploi du temps fixe ni de chef sûr de lui sera un chien inquiet. Quant au bon chef, il fait toujours preuve de constance.

098 FAIRE PREUVE DE PATIENCE

Dresser son chien est un processus et, comme tous les processus, il prend du temps. Souvent, le chien progressera très vite puis il y aura un temps d'arrêt. Vous pourrez vous sentir impatient et découragé. Pourtant, il n'y a pas de quoi s'inquiéter. Souvenez-vous que vous apprenez à un membre d'une autre espèce à faire des choses étrangères à son comportement naturel. La progression se fera sans doute par à-coups. Parfois, votre chien intégrera tout de suite un nouveau comportement. D'autres fois, vous passerez des jours ou des semaines à travailler sans qu'aucun progrès n'apparaisse. Maintenez le cap, faites preuve de patience et le succès sera au bout du chemin. Lorsque la frustration vous submerge, il est temps d'arrêter et d'aller faire une promenade ou de lancer à votre chien son jouet préféré. Prenez une grande inspiration et gardez en tête que le dressage est un défi, mais que vous vous en sortez très bien tous les deux !

099

RECOURIR AU RENFORCEMENT POSITIF

Quelle différence y a-t-il entre le dressage basé sur le renforcement positif et celui basé sur les corrections ? Dans le premier cas, le chien est récompensé en obéissant ; dans le second, il est puni ou corrigé (collier étrangleur, bruits soudains ou cris comme « non ! », « méchant chien ! ») s'il n'obéit pas.

Nous sommes résolument pour le renforcement positif parce qu'il fonctionne et qu'il contribue à forger un magnifique lien entre votre animal et vous. Il existe de nombreuses méthodes de dressage efficaces, dont le clicker-training qui ne cesse de gagner en popularité. Cette méthode repose sur une petite boîte qui fait un bruit métallique (et sur beaucoup de friandises) pour mettre en place l'obéissance et des comportements désirables. Elle est tout à la fois efficace et amusante.

100
APPRENDRE D'ABORD LES ORDRES QUI SAUVENT

Il y a plein de choses amusantes à apprendre à son chien : donner la patte, faire une roulade, demander quelque chose… et la liste est longue. Avant de vous consacrer aux ordres amusants, vous devez lui inculquer trois ordres susceptibles de le sauver en cas de danger : « pas bouger ! », « viens ici ! » et « lâche ! ». « Pas bouger ! » empêche votre animal de partir en courant ; « viens ici ! », sans doute l'ordre le plus important, protège votre chien de tout péril en le faisant venir à vos côtés ; « lâche ! » peut l'empêcher d'avaler une substance toxique. Une fois qu'il obéira à ces trois ordres, votre chien sera officiellement bien dressé.

101 COMMENCER LENTEMENT ET EN SÉCURITÉ

Commencez l'enseignement à la maison et une fois que votre chien s'exécute à chaque fois, intégrez des sources de distraction. Pratiquez alors dans une cour ou un jardin. Une fois que vous pensez qu'il est bien dressé et socialisé, allez vous promener ensemble dans un espace où vous pourrez le laisser évoluer sans laisse – le top des activités ! – et pratiquez jusqu'à ce qu'il vous obéisse, quoiqu'il se passe autour de lui.

102 FAIRE DES SESSIONS BRÈVES

Le dressage doit apparaître comme un jeu et ne jamais être ennuyeux. Dès que votre chien n'est plus attentif ou qu'il ne progresse plus, c'est le signe qu'il faut s'arrêter. Lorsque vous pratiquez le clicker-training ou d'autres types de renforcements positifs, fixez une ou deux courtes sessions quotidiennes. Terminez toujours une session par un élément positif. Au lieu d'insister sur quelque chose que, pour le moment, votre chien ne parvient pas à faire, repassez à une pratique qu'il maîtrise déjà. Les sessions devront être aussi brèves qu'agréables !

103 DÉTERMINER SON MODE D'APPRENTISSAGE

Il se peut que vous passiez une session entière sur un apprentissage et que ce soit un échec. Puis, un ou deux jours plus tard, vous y revenez et votre compagnon réussit du premier coup ! Le cerveau du chien fonctionne à peu près comme le nôtre, continuant à assimiler les informations même lorsque la leçon est terminée.

Une fois que vous aurez déterminé le mode d'apprentissage de votre chien, vous pourrez en tenir compte pour les futures leçons. Si vous savez qu'il a besoin de temps pour assimiler une chose nouvelle, vous devrez lui proposer des sessions brèves et lui donner un ou deux jours de répit avant de recommencer.

104 NE JAMAIS ARRÊTER

Le dressage n'est pas une activité réservée aux premiers mois qui suivent l'arrivée de votre chien. Il s'agit d'un apprentissage qui durera toute sa vie. Même une fois qu'il a acquis un répertoire d'ordres et de tours impressionnant, il n'y a aucune raison d'y mettre un terme. En effet, dressage et apprentissage sont des exercices pratiqués durant toute la vie par le chien et son maître. On n'arrête jamais !

105 S'AMUSER

Dresser son chien en s'amusant ne devrait pas être une possibilité mais une obligation. À la minute où une session de travail cesse d'être amusante, il faut arrêter. Pourquoi ? Parce que les chiens aiment le jeu et avoir un travail à faire. Le travail consiste à essayer de comprendre ce que vous attendez d'eux avant de s'exécuter, obtenant alors compliments et friandises, ce qui stimule la sensation de plaisir dans leur cerveau. Le renforcement positif convient bien aux apprentissages qui ressemblent à des jeux.

L'autre raison pour laquelle le dressage doit être amusant vous concerne. Les chiens sont exceptionnellement sensibles aux humeurs et aux émotions de leur entourage. Lorsque vous êtes détendu, votre animal se sent bien, mais si vous êtes tendu ou frustré, il le ressent aussi. Si vous cessez de vous amuser, vous remarquerez que votre chien n'acquiert plus les apprentissages aussi vite et peut même oublier un tour qu'il maîtrisait parfaitement quelques instants plus tôt.

Alors, la fois suivante, amusez-vous en travaillant et recueillez-en les bénéfices !

106 SE FOCALISER SUR CE QUE L'ON VEUT

Voici un concept étrange mais vrai : lorsque vous réprimandez, fixez du regard, parlez ou touchez votre chien après une bêtise, vous êtes en réalité en train de renforcer son mauvais comportement. Autrement dit : la correction d'un comportement peut être la raison pour laquelle votre chien ne cesse de le reproduire. Si votre chien vous saute dessus – un comportement inacceptable pour la plupart d'entre nous –, en criant : « non ! » et en le repoussant, vous donnez à votre chien des mots, un contact visuel et de l'attention ! Votre compagnon adore que vous fassiez attention à lui et il fera donc en sorte que cela arrive le plus souvent possible. En corrigeant votre chien, vous l'encouragez en réalité à continuer à sauter.

La solution consiste à ne plus faire attention à lui jusqu'à ce qu'il ait le comportement que vous approuvez. Lorsque votre chien vous saute dessus, cessez totalement d'interagir avec lui en tournant le dos. Dès que votre chien s'assied, redonnez-lui toute votre attention et faites-lui savoir qu'il a bien agi ! Prêtez attention à ce que vous appréciez et ignorez le reste.

Lorsque votre chien est tranquillement assis sur son matelas, félicitez-le et faites-lui savoir que c'est exactement ce que vous attendez. Focalisez-vous sur ce que vous voulez et non sur ce que vous ne voulez pas. En définitive, votre relation avec votre animal s'en verra améliorée et vous vous apprécierez encore un peu plus l'un l'autre !

107 APPRENDRE SON NOM À SON CHIEN

Que votre animal soit un chiot d'élevage ou un chien adopté, il faut lui donner un nom. Lors de l'adoption, il est souvent impossible de savoir si l'animal a déjà un nom. Voyez-y l'occasion de donner à votre chien une nouvelle identité en même temps qu'une nouvelle vie. Bien sûr, jusqu'à ce qu'il ait appris son nom, il vous regardera d'un air ahuri, voire pas du tout, lorsque vous l'appellerez.

Commencez à apprendre son nom à votre chien lorsque vous êtes seul avec lui dans un lieu tranquille. Ayez sous la main de bonnes petites friandises pour le récompenser. Attendez qu'il ait détourné les yeux, puis dites son nom sur un ton joyeux. S'il vous regarde, lancez-lui une friandise, puis recommencez l'expérience. Par la suite, vous répéterez l'exercice au cours d'une promenade, qui présente nécessairement son lot de sources de distraction. Augmentez progressivement le temps entre le moment où vous prononcez son nom et celui où vous lui lancez une friandise. Vous remarquerez bientôt que vous conservez son attention après avoir prononcé son nom, ce qui est précisément ce que vous vouliez.

UNE STRATÉGIE...

Le nom de votre chien n'est pas qu'un mot gravé sur une plaque d'identité, mais bien un terme magique que vous pouvez utiliser pour attirer son attention. De nombreux dresseurs pensent qu'il vaut mieux dire le nom de son chien avant de lui donner un ordre. L'énonciation de son nom est le signal que vous allez lui donner une directive et qu'il doit se concentrer sur vous.

De fait, il est essentiel pour la sécurité de votre animal que, dès qu'il entend son nom, il lève immédiatement les yeux sur vous. En cas de danger, cette reconnaissance pourrait lui sauver la vie si, par exemple, s'étant débarrassé de son collier, il s'élance dans la circulation. Autre cas de figure : vous le promenez, lorsque vous rencontrez une nouvelle voisine qui tient en laisse son chien que la présence de congénères rend nerveux et agressif. Votre compagnon l'ignore et s'avance pour saluer le nouveau venu. Pour éviter tout conflit, vous appelez votre chien qui s'arrête et vous regarde. Vous pouvez maintenant lui dire : « assis ! » et « pas bouger ! », alors que vous vous avancez pour procéder aux présentations d'usage avec ce nouvel ami potentiel.

... MAIS PAS UNE CONDAMNATION

Pour votre chien, la prononciation de son nom doit être associée à quelque chose de joyeux. Quand vous l'énoncez il devrait spontanément vous regarder, voire venir vers vous, convaincu que quelque chose d'agréable ou de drôle va arriver. Il doit associer son nom aux récompenses, à l'affection et à des mises en garde importantes.

Mais voici comment les choses peuvent dégénérer : imaginez que votre chien saute sur un visiteur, vous criez alors son nom ; qu'il dérobe une gaufre à un enfant, vous hurlez son nom d'un ton menaçant ; qu'il fasse pipi par terre, et votre ton devient redoutable. Désormais, votre chien associe son nom à des événements négatifs et, la prochaine fois que vous l'appellerez, pensez-vous vraiment qu'il répondra avec enthousiasme et impatience ? Il est essentiel d'employer le nom de votre chien avec discernement pour qu'il soit assimilé à du positif. Si vous prenez votre chien en flagrant délit de faire quelque chose d'interdit, un simple « non ! » suffit généralement pour lui faire comprendre votre mécontentement. Il s'agit de vous concentrer sur les comportements que vous attendez et de les récompenser.

108 TROUVER UN NOM POUR SA « MEUTE »

Dresser plusieurs chiens peut être un défi. Comment distinguer un ordre adressé à un chien ou à tous les chiens ? Il existe un moyen facile : trouver un nom pour votre « meute ». Lorsque vous voulez qu'ils s'assoient tous, utilisez ce nom-là. Il peut s'agir de « Messieurs », « les gars », « la troupe », « les amis », etc. Donnez du poids à ce nom en le prononçant bien fort, sur un ton joyeux, et récompensez vos chiens lorsqu'ils accourent tous. Essayez ensuite de les faire tous asseoir, toujours en utilisant ce nom collectif, et en n'oubliant pas les récompenses s'ils obtempèrent.

109 DRESSER SON CHIOT

Si vous adoptez un chien adulte, il aura sans doute déjà acquis les bases de l'obéissance. Mais avec un chiot, tout reste à faire. Le dressage devra commencer dès son installation à la maison. Il est important de le dresser au plus tôt à vous obéir et à jouer, de façon à rencontrer le moins possible de soucis de comportements par la suite. L'éducation commence dès que vous souhaitez que votre animal s'asseye, se couche ou aille chercher quelque chose sur commande. Il suffit simplement d'énoncer l'ordre correspondant dès que le chiot prend la position attendue ou accomplit l'action désirée, avant de « renforcer » le mot donneur d'ordre par un gentil compliment. Faites preuve de constance en associant toujours le même ordre à une action précise. Si vous trouvez cela difficile au début – vous aussi êtes en apprentissage ! –, il peut être bon d'investir dans un clicker, qui pourra dans un premier temps remplacer les mots donneurs d'ordres.

110 SAVOIR QUAND DIRE NON

N'utilisez l'ordre « non ! » que lorsque vous prenez votre chien en flagrant délit de faire ce que vous lui avez interdit (mâcher un chausson, faire pipi sur le tapis, etc.). Si vous réprimandez votre chiot même quelques secondes après l'acte, il aura oublié ce qu'il a fait de mal. Une fois encore, concentrez-vous sur le positif et bientôt vous n'aurez pratiquement plus à dire « non ! » à votre compagnon. Et si cela arrive, dites-le fermement mais calmement : il ne faut jamais crier.

111 LE MATÉRIEL DE DRESSAGE

Au départ, le matériel de dressage pourra être limité. Il vous faudra plein de friandises pour récompenser les progrès de votre chien. Un clicker, s'il est utilisé correctement, peut-être un formidable allié : il en existe de toutes sortes, mécaniques ou fonctionnant à piles. La laisse est obligatoire pour certains exercices et un sifflet pourra s'avérer utile pour rappeler votre chien à distance. La muselière peut servir à corriger un comportement agressif indésirable, mais il faudra alors impérativement suivre les instructions d'un dresseur professionnel.

FRIANDISES
Identifiez les friandises préférées de votre chien. Elles seront de petite taille car elles perdraient toute efficacité s'il n'avait plus faim. On réservera les plus grosses récompenses aux occasions spéciales (bain ou apprentissage de la caisse, par exemple).

SAC DE TRANSPORT Tous les sacs portés en bandoulière feront l'affaire, mais il en existe qui sont conçus spécialement pour le transport des friandises, fixés à la ceinture ou à l'épaule, et qui vous laissent les mains libres. Le sac devra être aisément accessible et avoir des poches pour les clickers, sifflets et autres objets nécessaires au dressage.

CLICKERS Les plus simples sont généralement en plastique avec un mécanisme en acier inoxydable. Ils peuvent être dotés d'une dragonne pour les attacher au poignet. D'autres objets émettant des bruits sont disponibles, dont de petites cloches et, bien sûr, des sifflets.

JOUETS Les jouets à lancer sont utiles comme récompenses et pour apprendre à votre chien à rapporter. De toutes tailles, ils conviennent à tous les chiens.

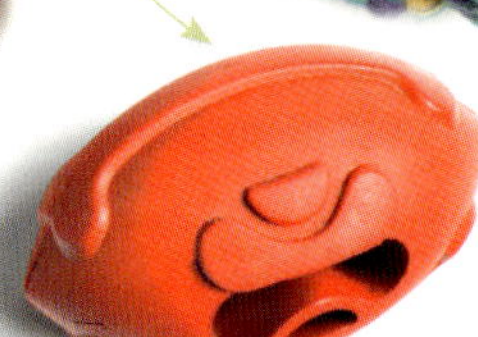

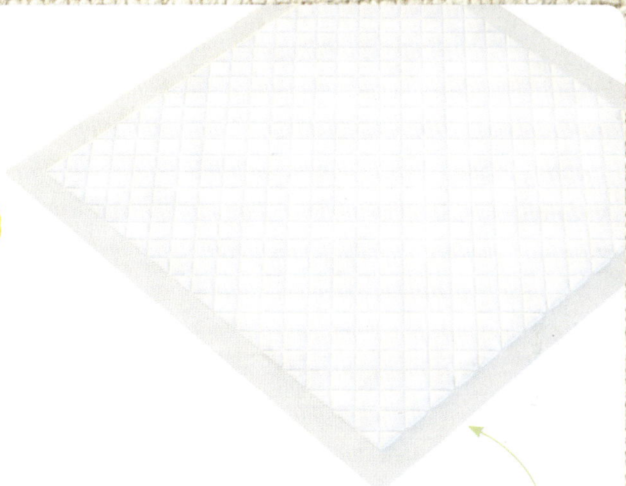

SIFFLET Il est utile pour rappeler votre animal lorsqu'il s'éloigne. Certains sifflets spéciaux émettent des sons à haute fréquence que seuls les chiens peuvent entendre.

LAISSE La laisse peut être utile lorsque vous apprenez à votre chien à obéir à certains ordres. Elle est indispensable pour toute session de dressage en extérieur, tant que vous n'êtes pas sûr du retour systématique de l'animal. Il existe de longues laisses mesurant de 4,5 à 15 mètres.

SERVIETTES ABSORBANTES Utiles pour éduquer votre chien à la propreté, elles sont de tailles variables et s'adaptent à tous les types de chiens.

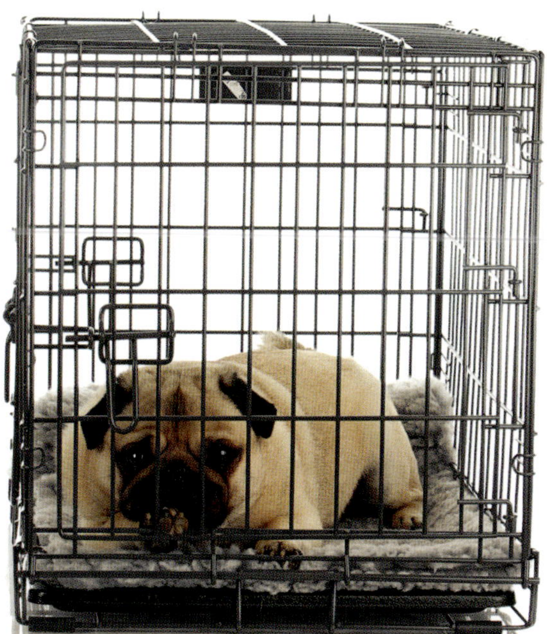

CAISSE DE TRANSPORT Elle peut être utile pendant le dressage, mais il ne faut pas y enfermer votre chien pendant de longues périodes. Ne l'utilisez pas pour punir votre chien car il la considérerait alors non pas comme un refuge mais comme une prison.

112 PRÉSENTER SON CHIEN À DES CONGÉNAIRES

Soyez particulièrement vigilant lorsque vous présentez votre chien à des congénères. Conservez le contrôle de la situation en organisant la rencontre dans une pièce ou dehors avec votre compagnon en laisse. Donnez aux chiens la possibilité de se voir et de se renifler sans tirer sur la laisse, ce qui inquiéterait votre animal. La première rencontre devra être courte et agréable. Augmentez progressivement la durée des tête-à-tête et laissez les choses se faire. Quel que soit l'animal rencontré, gardez votre calme afin que les deux animaux se sentent en sécurité. Évitez les friandises, les jouets ou les jeux surexcitants, qui pourraient provoquer compétition et confusion entre des animaux qui ne se connaissent pas encore bien.

COMMENCEZ PAR LA MARCHE Si votre chien rencontre un congénère pour la première fois, il serait bon que cela se fasse en promenade. La marche est une activité qui permet aux chiens de se rencontrer, tout en réduisant les possibilités de conflits résultant d'incompréhensions. Faites une longue promenade avant de laisser les chiens se renifler.

ALLEZ-Y EN DOUCEUR Si votre chien rencontre un chat pour la première fois, pensez à le mettre dans sa caisse afin que le chat puisse tourner autour. Observez votre chien pour vous assurer qu'il ne se montre pas agressif. Vous pouvez aussi le tenir en laisse et arpenter avec lui la pièce où se trouve le chat. Assurez-vous que le chat ait une issue de secours. Même un chien adorable pourrait avoir envie de le poursuivre en le voyant s'enfuir. Si votre compagnon agit ainsi, cela ne veut pas dire qu'il n'aime pas les chats, tant que la poursuite reste un simple jeu.

113 SOCIALISER SON CHIOT

Tout comme avec les enfants, vous ne pouvez avoir aucune certitude sur ce que sera la personnalité de votre chien une fois devenu adulte. Des chiots élevés de la même façon auront des caractères différents. Mais l'une des meilleures choses à faire pour socialiser votre chiot consiste à lui présenter des lieux, des animaux, des situations et des personnes nouvelles aussi souvent que possible, une fois que ses vaccinations seront à jour.

DES EXPÉRIENCES POSITIVES Lorsque vous présentez votre chien à un nouveau venu, faites-en une expérience positive. Votre chien sera curieux et ira renifler l'étranger pour l'évaluer. Si cette personne lui offre une friandise, elle devra veiller à éviter tout contact visuel direct, ce qui pourrait être interprété comme une menace. Votre compagnon doit garder le souvenir d'une première rencontre agréable.

PLUS ON EST DE FOUS PLUS ON RIT Renouvelez cette expérience aussi souvent que possible. Plus votre chiot connaîtra de gens, de visages, d'odeurs et d'énergies, mieux il sera adapté à notre monde. Ces expériences doivent se faire dans le calme, en renforçant le bon comportement et les rencontres positives avec des friandises ou des compliments. Bientôt, votre chien sera très sociable.

114 PRÉSENTER SON CHIOT À DES ENFANTS

Lorsque vous présenter votre chiot à des enfants, vous vous assurez de sa plus complète socialisation en le confrontant à des profils humains variés. Il est important que votre animal se familiarise avec le comportement et l'énergie vitale des enfants, afin de ne pas être choqué ou nerveux en leur présence une fois devenu adulte. Ses premiers mois sont le meilleur moment pour nouer avec eux de bonnes relations. Demandez aux enfants d'être gentils avec le chiot et restez pour vous assurer que la rencontre se passe bien, que votre chien n'est pas la victime involontaire de maladresses qui resteraient gravées dans sa mémoire. Les rencontres devront être aussi agréables que brèves. L'enfant pourra caresser l'animal ou jouer avec lui. Complimentez votre chiot... et vous-même puisque vous êtes en train d'apprendre à votre animal à aimer les enfants !

115 CHOISIR LE BON MOMENT POUR L'APPRENTISSAGE DE LA CAISSE

La caisse est une niche confortable, portative ou non. Certains chiens aiment s'y réfugier lorsqu'ils sont seuls ou qu'une horde d'enfants a envahi la maison. Elle doit faire office de repaire sécurisant : elle doit être bien ventilée, contenir un matelas non toxique et de l'eau. Faites l'essai dès que possible car cela pourra vous aider pendant l'apprentissage de la propreté, mais aussi pour résoudre un comportement destructeur ou une angoisse de séparation. Laissez la porte de la caisse ouverte pour que votre chien puisse aller et venir librement. Ne l'enfermez jamais dans sa caisse trop longtemps : ce serait le meilleur moyen pour la lui faire détester.

UNE AIDE DANS L'APPRENTISSAGE DE LA PROPRETÉ Apprendre à votre chien les agréments d'une caisse est utile lorsqu'il n'est pas encore propre. Les chiens préfèrent ne pas salir les endroits où ils passent du temps. Donc, à moins d'avoir été laissé des heures dans un espace confiné et d'avoir perdu ses inhibitions dans une vie antérieure, votre chien attendra que vous rentriez à la maison pour aller faire ses besoins.

UNE AIDE POUR LUTTER CONTRE L'ANGOISSE DE LA SÉPARATION Une caisse confortable est utile lorsque le chien, seul et angoissé, cherche le réconfort d'un espace exigu. La caisse ne doit pas être une punition. Votre compagnon doit l'apprécier comme une petite maison dans sa grande maison et toujours s'y sentir bien.

UNE AIDE CONTRE LA MASTICATION DESTRUCTIVE Plusieurs raisons peuvent être à l'origine de ce type de mastication. Si votre chien a moins d'un an, c'est un comportement normal. Essayez de le laisser dans sa caisse à mastiquer toutes sortes de jouets lorsque vous vous absentez afin de l'empêcher de s'attaquer à des objets auxquels vous tenez.

116 DÉTERMINER LE TEMPS À PASSER DANS LA CAISSE

Puisqu'un chiot ne pourra se retenir tant qu'il n'aura pas appris à contrôler les muscles de sa vessie, sa première nuit pourrait ne durer que quatre ou cinq heures, puis passeront progressivement à huit. Les vessies et les intestins des chiots ne peuvent se retenir longtemps. Comme avec les bébés, on se lève tôt avec des chiots. Vers l'âge de quatre mois, sa vessie commence à se développer et le chiot dort plus longtemps. Une fois votre chiot placé dans sa caisse, laissez-le au moins deux heures entières. Si vous revenez entre temps, vous lui apprendrez qu'en faisant du bruit, il obtient ce qu'il veut : votre présence. Votre chiot doit apprendre que la nuit est faite pour dormir et qu'il dort dans sa caisse. Une fois la leçon apprise (cela prendra entre deux et quatre nuits), il commencera à s'y considérer chez lui. Un jour, vous le chercherez partout et l'y retrouverez, roulé en boule, pour une petite sieste.

117 SÉLECTIONNEZ LA BONNE CAISSE

La caisse devra être suffisamment large pour que votre chiot ou votre chien puisse s'y allonger. S'il peut s'y allonger, elle sera donc assez grande pour qu'il s'y asseye sans que sa tête ne touche le plafond. Ne la choisissez pas trop grande : elle ne lui procurerait pas le réconfort qu'il recherche. Si votre chiot est censé devenir un gros chien en grandissant, achetez une grande caisse qui lui conviendra aussi à l'âge adulte et utilisez des matériaux qu'il ne pourra mastiquer (des parpaings, par exemple) pour délimiter un espace qui lui suffira dans un premier temps et que vous agrandirez au fur et à mesure de ses besoins. Dans une perspective canine, les niches en tissu jouent exactement le même rôle que les caisses, offrant confort et sécurité, mais sans aucune ressemblance avec une cage.

TYPES Il existe de nombreux modèles de caisses, dont certaines en bois qui ressemblent à de véritables petits meubles. Il en existe également en fils d'acier, portatives, en tissu, en plastique moulé (recommandées pour l'avion), etc. Assurez-vous de ne pas choisir une caisse où votre animal risquerait de se coincer une patte.

RÉSISTANCE Chiots et chiens de grande taille sont des masticateurs forcenés. Choisissez un matériau qui puisse résister à leurs crocs. La résistance des fils d'acier est variable. Le bois et l'osier ne sont pas recommandés pour des animaux n'ayant pas encore fait l'apprentissage de la caisse.

118 CHOISIR L'EMPLACEMENT DE LA CAISSE

Beaucoup de gens mettent la caisse dans leur chambre à coucher afin de pouvoir rassurer le chiot la nuit. D'autres préfères l'éloigner pour ne pas l'entendre pleurer. Les deux options sont possibles. Néanmoins, il est plus facile pour le chiot de s'acclimater à sa caisse si elle a été placée près du lit, auprès de sa nouvelle famille, un peu comme cela se passait lorsqu'il dormait avec sa mère et sa fratrie. Il vaut mieux pouvoir entendre le chiot au cas où il aurait un problème, une patte coincée dans les fils d'acier, par exemple.

119 HABITUER LE CHIOT À SA CAISSE

Idéalement, vous ne devez jamais forcer un chiot à entrer dans sa caisse. Placez-le à l'intérieur avec des jouets qu'il aime en laissant la porte ouverte. Comptez environ une journée, le temps qu'il s'acclimate. La façon dont vous le faites rentrer dedans dépend largement de son âge. Plus le chiot est jeune, plus ce sera facile et plus vite il considérera cette caisse comme son petit espace personnel.

LES TRÈS JEUNES CHIOTS (JUSQU'À TROIS MOIS) On peut acclimater les très jeunes chiots en les plaçant délicatement dans la caisse ou en les y attirant avec une friandise. Félicitez votre chiot une fois qu'il est entré : « quel bon chien ! », « bon chien ! ». Utilisez un ton calme et joyeux. Même si le chiot repart immédiatement, vous devriez avoir le temps de lui faire un dernier compliment !

LES CHIOTS PLUS ÂGÉS (QUATRE MOIS ET PLUS) Essayez d'abord d'attirer le chiot dans la caisse à l'aide d'une friandise ou d'un jouet. S'il n'y va pas, vous devrez peut-être créer un chemin de friandises menant dans la caisse. Si cela ne suffit pas, recourez à des friandises spéciales (morceaux de saucisson ou de poulet). Si cela ne fonctionne toujours pas, attendez en ne proposant plus ni nourriture ni friandises pendant quelques heures, avant de recommencer. À l'heure du repas, placez la gamelle au centre de la caisse, enfermez-vous avec le chiot dans la pièce et attendez. Chaque pas fait en direction de la caisse est un progrès. Félicitez votre chiot. Lors du repas suivant, créez un nouveau chemin de friandises et placez la gamelle au fond de la caisse. Comme vous espérez que le chiot va y entrer, y manger et ressortir, ne fermez pas la porte. Quelques heures plus tard, recréez un chemin de friandises.

120 FERMER LA PORTE DE LA CAISSE

Une fois que le chiot pénètre dans sa caisse lorsque vous y lancez une friandise (ou pour accéder à sa gamelle placée au fond), le moment est venu d'essayer de fermer la porte pendant de courts moments. Remplissez un jouet en caoutchouc d'aliments secs et humides et faites-le renifler à votre chiot avant de le placer au fond de la caisse. N'utilisez pas d'os à mâcher qui pourraient se révéler dangereux si vous ne surveillez pas votre animal. Si le chiot ne rentre pas dans la caisse, lancez des friandises et refermez la porte dès qu'il est entré. Félicitez-le puis sortez tranquillement de la pièce. Jetez un coup d'œil discret pour voir ce qui se passe. Faites cela durant un jour de congé, de façon à pouvoir lui donner tous ses repas dans le jouet placé dans la caisse. Le premier jour, laissez-y votre chiot 10-15 minutes et laissez-le sortir quelques instants une fois qu'il a mangé toutes les provisions placées dans le jouet.

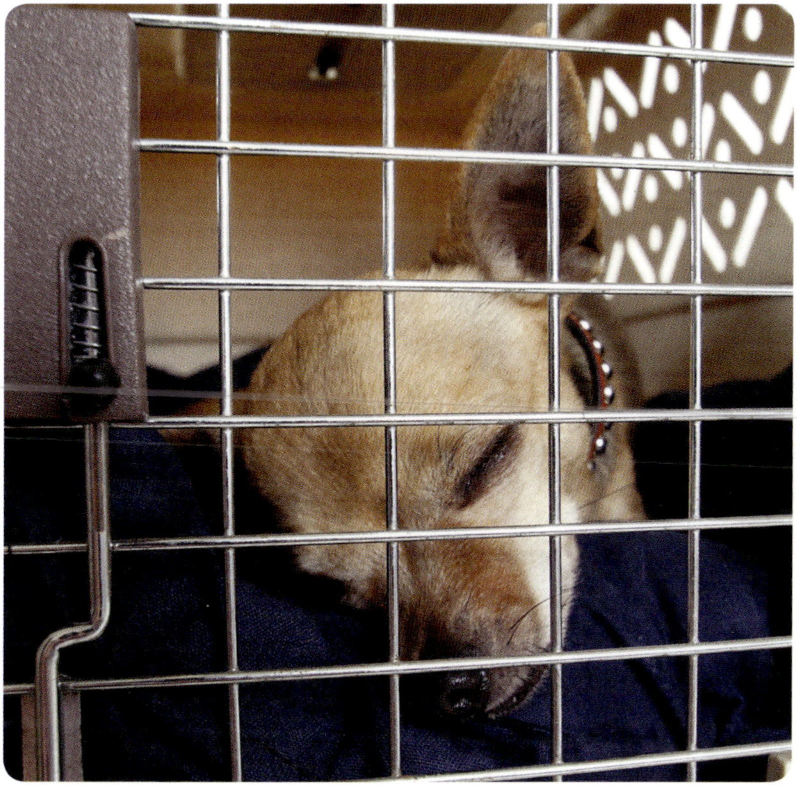

121 ÉDUQUER SES ENFANTS

Parents, vous avez la possibilité d'éviter des morsures de chiens à vos enfants (et de rendre la vie plus agréable à votre animal) en leur apprenant dix règles de sécurité, et cela même si elles semblent évidentes aux adultes.

❶ NE PAS TOUCHER OU TAPOTER UN CHIEN SUR LA TÊTE – NE PAS FAIRE UN GESTE VERS SA TÊTE Tendre le bras au-dessus de la tête d'un chien est un geste très intimidant. Caressez votre chien sur le flanc ou la poitrine. Et s'il souhaite être caressé sur la tête, il la frottera lui-même contre les mains des enfants.

❷ NE PAS TIRER LA QUEUE OU LES OREILLES D'UN CHIEN – NE PAS LUI DONNER DE COUPS Même un chien amical peut s'énerver et mordre. Montrez à l'enfant comment le caresser en prenant sa main et en lui faisant parcourir le corps du chien en disant « doucement » d'une voix apaisante.

❸ NE PAS COURIR PRÈS D'UN CHIEN L'instinct de chasse est présent chez la plupart des chiens. Si votre enfant court, le chien s'élancera à sa poursuite, risquant ensuite de sauter et de le faire trébucher.

❹ NE PAS CHASSER UN CHIEN Effrayé, le chiot fuira si on arrive sur lui rapidement. Les enfants semblent adorer courir après les animaux, ce qui pourrait effrayer votre chien. S'il se sent pris au piège, même le plus gentil des animaux mordra pour se protéger.

❺ NE PAS RÉVEILLER UN CHIEN QUAND IL DORT Apprenez à vos enfants à approcher le chien doucement et à ne pas le réveiller quand il dort.

❻ NE PAS PRENDRE DE LA NOURRITURE OU UN JOUET DE LA GUEULE DU CHIEN Il est dangereux d'essayer d'enlever quelque chose de la gueule d'un chien. En luttant, l'animal risque de mordre l'enfant sans le vouloir.

❼ NE PAS TRAITER UN CHIEN COMME UN JOUET Les chiens ont des petites bouilles qui donnent envie d'appuyer dessus ou de les coiffer, mais il faut apprendre aux enfants que les chiens sont des êtres vivants et non des jouets.

❽ FAIRE PREUVE DE DOUCEUR Il y a des zones où le chien n'aime pas être caressé, tout comme les êtres humains sensibles des pieds ou des oreilles. Apprenez à vos enfants à être doux avec les chiens.

❾ COMPRENDRE LE LANGAGE CORPOREL DU CHIEN EFFRAYÉ La plupart du temps, le chien communique ses besoins grâce au langage corporel. Si un chien s'en va la queue entre les jambes, il dit clairement : « ne me touche pas, s'il te plaît ! ».

❿ COMPRENDRE LE LANGAGE CORPOREL DU CHIEN AMICAL Si la queue du chien frétille, que ses oreilles sont détendues et qu'il regarde l'enfant avec confiance, le feu est vert pour débuter jeux et caresses.

122 COMMENT AGIR AVEC UN CHIOT ET UN JEUNE ENFANT

Peut-être êtes-vous enceinte et inquiète des réactions de votre chiot à l'arrivée de l'enfant. Peut-être avez-vous un bébé et souhaitez prendre un chien. Ou peut-être souhaitez-vous juste apprendre à votre chien à interagir en toute sécurité avec un jeune enfant et inversement. Quelle que soit votre situation, ces conseils vous aideront à construire des interactions sûres et heureuses entre les chiots et les enfants.

SE CONNAÎTRE À DISTANCE Il faut beaucoup plus de temps et d'efforts pour surmonter une mauvaise expérience que pour créer un environnement sûr afin que tout se passe bien. Alors que vous dressez votre chien ou chiot, tenez-le à l'écart de l'enfant avec des barrières, un parc ou une caisse. De cette façon, ils s'habitueront à se voir et à s'entendre.

SUPERVISER Animal et enfant devront être présentés l'un à l'autre pendant de courtes périodes. Ne les laissez jamais seuls tant que les règles du jeu ne sont pas intégrées. Cela ne fonctionnera qu'une fois que le chiot et l'enfant seront suffisamment grands pour comprendre, mémoriser et suivre ces règles.

LA RÈGLE DES 6/6 De nombreux spécialistes recommandent de suivre cette règle : le chiot devra avoir été dressé et socialisé pendant 6 mois avec votre enfant et ce dernier avoir au moins 6 ans pour qu'ils puissent rester seuls sans danger.

123 CRÉER UN LIEN ENTRE LE CHIOT ET L'ENFANT

Vous pouvez contribuer à créer un lien entre votre chiot et votre enfant en les encourageant à jouer ensemble en votre présence.

JOUER À LA BALLE Apprenez à votre enfant à lancer une balle au chiot et apprenez au chiot à la ramener et à la lui redonner.

SE PROMENER Allez vous promener avec deux laisses attachées au collier du chien : une pour vous et l'autre pour l'enfant.

JOUER À CACHE-TAMPON Retenez le chiot pendant que l'enfant cache un jouet puis laissez le chiot chercher (voir entrée n° 169).

LIRE DES HISTOIRES Passez du temps à lire ensemble. Les chiens forment un formidable auditoire pour des enfants qui apprennent à lire.

124 DÉCOURAGER LES MORDILLEMENTS

Les chiots tenteront de jouer avec des bébés et des petits enfants en leur sautant dessus et en s'y agrippant avec les dents. Après tout, c'est ainsi que joue la fratrie canine, mais les chiots doivent apprendre que les enfants n'en font pas partie. Dans le cas contraire, le comportement du chien sera de plus en plus brutal en grandissant et l'enfant pourrait bien être blessé. N'autorisez jamais ni enfants ni adultes à utiliser leurs mains, doigts, pieds ou vêtements (pantalons, manches de chemises) pour jouer, notamment à des jeux de traction, car cela pourrait susciter des comportements agressifs. Les chiots sont si mignons qu'il est tentant de les laisser faire, mais cela sera-t-il aussi drôle lorsque votre chien pèsera 35 kilos, qu'il vous poursuivra et plantera ses crocs dans votre ourlet avant de tirer dessus ?

125 QUAND LE CHIOT FAIT SES DENTS

Le chiot fait ses dents jusqu'à quatre ou cinq mois. Comme pour les bébés, c'est douloureux et les mâchonnements, naturels, lui permettent d'atténuer la douleur. C'est pourquoi ils utilisent tout ce qu'ils peuvent se mettre (littéralement) sous la dent, petites mains et doigts compris, surtout s'ils portent l'odeur de la délicieuse nourriture que les enfants sont en train de manger. Les chiots ont de petites dents mais elles sont acérées et, jusqu'à quatre mois, elles peuvent causer de sérieux dommages à la peau d'un bébé. Assurez-vous que votre chiot ait des jouets à mordiller. Même ainsi, vous devrez continuer à surveiller l'animal de près et le tenir en laisse pour l'empêcher de mordiller ou de mordre un jeune enfant.

126 APPRENDRE LES BONNES MANIÈRES À TABLE

Lorsque votre chien mange, ordonnez-lui de s'asseoir avant de déposer sa gamelle par terre. Essayez de la repousser, de la toucher ou de la reprendre en récompensant immédiatement votre animal s'il vous a laissé faire. Il s'agit de lui apprendre qu'il n'y a pas de danger si quelqu'un touche sa gamelle et que, au contraire, de bonnes choses peuvent en résulter (friandises). Cela l'aidera à considérer les mains humaines comme faisant partie du processus et le rassurera sur le fait qu'il aura toujours suffisamment à manger sans avoir besoin de mettre en place un mécanisme de défense pour protéger sa nourriture. Faites-en un jeu, une partie intégrante des repas et, rapidement, votre chien ne se montrera plus possessif en matière de nourriture et de gamelle.

127 PAS DE CHIEN SUR LE MOBILIER

Pour empêcher votre chien de sauter sur le mobilier, il vaut mieux commencer par ne jamais le laisser s'y installer. Il est plus facile d'accorder par la suite un privilège que de modifier une habitude acquise. Si votre chien vient d'arriver chez vous, empêchez-le de monter jusqu'à ce que vous soyez sûr que cela vous convient.

Si votre chien a pris l'habitude de s'y installer, voici quelques conseils pour l'encourager à en descendre.

FAIRE DES EXERCICES Vous pouvez lui donner l'ordre suivant : « descends ! » d'une voix enthousiaste et le récompenser. Créez une association positive entre le sol ou son lit et les compliments, caresses et friandises. Si vous caressez votre chien installé sur une pièce du mobilier, il va avoir envie de prolonger son séjour. Mais si vous dites « descends ! », puis que vous le caressez sur son matelas ou sur le tapis, il aura nettement plus envie de s'installer là.

INTERDIRE L'ACCÈS Votre chien ne devra pas pouvoir accéder au mobilier en votre absence car, dans le cas contraire, il pourrait s'y installer si complaisamment que cela deviendrait alors une habitude. Pour empêcher cela, ne laissez jamais le chien seul dans une pièce remplie de mobilier. Vous devez être là pour le faire descendre avant de le récompenser d'avoir obéi.

LUI CRÉER UN ESPACE MAGIQUE Que vous choisissiez un matelas ou un tapis, faites-en un lieu magique. Les friandises y tombent du ciel ! De bonnes choses surviennent lorsqu'il n'est plus sur une pièce de mobilier. Dans le cas contraire, ignorez-le et demandez-lui rapidement de descendre. Si vous faites de vos meubles des destinations moins merveilleuses que son matelas ou le tapis, il aura tout de suite moins envie de sauter dessus.

128 MONTÉE ET DESCENTE DU CANAPÉ

Si vous préférez ne pas retrouver votre animal sur votre canapé, installez-lui un espace de couchage dans le salon de telle sorte qu'il puisse être avec vous. S'il possède son propre matelas et que vous avez suffisamment pratiqué les ordres « monte ! » et « descends ! », il sera heureux de rester « chez lui ».

ÉTAPE N° 1 Faites venir votre chien sur le canapé en tapotant un coussin et en lui disant : « monte ! ». Le confort du canapé est en soi une récompense, votre chien n'aura donc pas besoin de friandises ou de caresses pour renforcer cet ordre.

ÉTAPE N° 2 Dites « descends ! » avec une friandise à la main afin de le faire descendre du canapé. Donnez-lui alors la friandise et félicitez-le avec insistance. En utilisant des friandises, vous allez tenter de le convaincre qu'il est tout aussi agréable de descendre du canapé que de s'y trouver.

ÉTAPE N° 3 Répétez les deux premières étapes pendant dix minutes par jour. Lorsque vous ne pouvez pas le surveiller, placez votre chien dans une autre pièce depuis laquelle il ne pourra accéder au canapé et tenter de sauter dessus en votre absence.

129 APPRENDRE LA PROPRETÉ À SON CHIEN

Les chiens ne sont malheureusement pas livrés avec un mode d'emploi. Il faut de la patience et du temps pour apprendre la propreté à un chiot, mais cela n'est pas si difficile. Les chiens sont des animaux propres qui n'aiment pas salir les endroits où ils vivent. Puisqu'ils aiment faire leurs besoins au même endroit, il suffit simplement de leur montrer le bon. Félicitez et récompensez votre animal chaque fois qu'il fait ses besoins au bon endroit. Votre chiot ira probablement faire ses besoins au réveil, après les repas et après les jeux. Voici quelques conseils pour vous aider durant cet apprentissage.

METTRE SUR PIED UNE POLICE SPÉCIALE Gardez l'œil sur votre chien dans la maison. Si vous ne pouvez pas l'observer, mettez-le dans une caisse (pour une durée limitée), dans une pièce dotée d'un sol dur, facile à nettoyer, ou bien dehors, dans un lieu sûr. Soyez attentif aux signes avant-coureurs, comme le fait de flairer le sol avant de faire pipi. Vous pouvez aussi garder votre chien en laisse pour le prendre sur le fait en cas d'erreur !

NE PAS CRIER Si votre chien s'apprête à faire ses besoins dans la maison ou que vous le prenez sur le fait, dites « non ! » fermement ou frappez fort dans les mains. Il est inutile de crier. Emmenez votre chien à l'extérieur et récompensez-le afin que se crée une association positive avec ses « WC personnels ». Ne punissez pas votre chien. S'il continue à faire ses besoins une fois transporté à l'extérieur, soulignez la chose par de nombreuses récompenses.

DES SORTIES RÉGULIÈRES POUR LES BESOINS En optant toujours pour le même endroit, vous aurez plus de chances de succès. Mettez en place des horaires de sortie pour les besoins : à votre réveil, après le petit déjeuner, puis à intervalles réguliers dans la journée. Au début, cela pourra être toutes les trois heures, puis moins souvent, en fonction de l'âge de votre compagnon (les animaux très jeunes et âgés ont besoin de sorties plus fréquentes).

AUGMENTER LES INTERVALLES Dehors, félicitez votre chien quand il fait ses besoins puis récompensez-le avec une friandise ou un jeu. S'il ne fait pas ses besoins, faites un nouvel essai un peu plus tard. Suivez la routine mise en place et augmentez progressivement le temps entre deux sorties. Lorsque vous n'aurez pas eu d'accident chez vous pendant plusieurs semaines, cela signifiera que votre chien est devenu propre !

NETTOYER MINUTIEUSEMENT Si votre chien a un accident dans la maison, nettoyez soigneusement, en tenant l'animal éloigné de l'endroit jusqu'à ce que l'apprentissage soit terminé. Les chiens localisent leurs « WC » grâce à leur odorat, ce n'est donc pas à eux qu'il faudra s'en prendre s'ils reviennent au même endroit. Par conséquent, n'utilisez surtout pas de produit nettoyant à base d'ammoniaque, l'odeur rappelant aux chiens celle de l'urine d'un chiot. Essayez d'empêcher votre animal d'avoir accès aux lieux d'« accidents » et concentrez-vous sur les moments passés ensemble à l'extérieur.

130 HABITUER SON CHIEN AUX SERVIETTES ABSORBANTES

La plupart des chiens ont besoin de faire leurs besoins à la mi-journée. Si vous ne pouvez faire garder votre chien ou lui donner accès à un jardin clos, l'habituer aux serviettes absorbantes pourra être une solution. Elle est particulièrement indiquée avec un chiot qui ne pourra se retenir plus de trois heures. On pourra aussi l'utiliser avec des chiens âgés ou qui viennent d'être adoptés.

DÉLIMITER UNE ZONE SPÉCIALE Choisissez une pièce dotée d'un sol facile à nettoyer. Fermez-la à l'aide de barrières. Installez les serviettes à une extrémité de la pièce, le panier, des jouets et de l'eau à l'autre extrémité (les chiens détestent faire leurs besoins à l'endroit où ils mangent et boivent). Vous pouvez utiliser du papier journal ou acheter des serviettes spéciales qui sont épaisses et faciles à utiliser.

PATIENCE ET COMPLIMENTS Lorsque vous laissez pour la première fois votre chien dans cet espace fermé, observez et attendez qu'il aille faire ses besoins sur les serviettes. Soyez là pour le féliciter et le récompenser afin qu'il comprenne bien le message. Remettez-le dans cette pièce trois heures après son dernier pipi, alors que le suivant va arriver. Répétez ces gestes pendant quelques jours jusqu'à ce que le chien ait saisi où il doit aller. Cela peut se faire un week-end puis, une fois l'habitude prise, vous pourrez passer aux jours de semaine.

131 LE CHIEN FAIT SES BESOINS SUR COMMANDE

Lorsque vous apprenez la propreté à votre chien, utilisez, par exemple, l'ordre « vas-y ! » pendant qu'il est précisément occupé à cela. Le dire deux ou trois fois suffit, sinon l'ordre perdrait de son efficacité. Ayez un ton joyeux puis félicitez ou récompensez votre chien une fois qu'il a terminé, en répétant l'ordre associé à la récompense. Utilisez toujours le même ordre car votre animal sera perdu si vous en changez.

« VAS-Y ! » Continuez à escorter votre chien chaque fois qu'il sort et énoncez l'ordre au moment où il fait ses besoins. En promenade, utilisez-le aussi afin qu'il apprenne que cet ordre signifie qu'il va pouvoir se soulager où qu'il se trouve. En quelques semaines (ou jours, selon l'animal), votre chien saura exactement ce que vous voulez dire par cet ordre. Tout est une question de constance, de patience et de renforcement. Faites-en quelque chose d'amusant. Il apprend quelque chose de nouveau et il le fait pour vous : c'est formidable !

132 LUI APPRENDRE À S'ASSEOIR

Cet ordre simple est particulièrement utile. C'est un moyen facile d'obtenir l'attention de votre chien. En lui demandant de s'asseoir devant la porte d'entrée avant de partir en promenade, vous éliminerez toute velléité de sa part de sortir comme une flèche si la porte restait accidentellement ouverte. Demandez-lui de s'asseoir avant de déposer sa gamelle : votre chien sera calme en prenant son repas.

ÉTAPE N° 1 Installez-vous dans une pièce n'offrant pas de distraction. Apportez de délicieuses friandises et asseyez-vous part terre en attirant votre chien avec l'une d'elles, puis placez-la juste au-dessus de sa truffe et faites-la passer par-dessus et à l'arrière de sa tête. Il s'agit de concentrer son attention sur la friandise qu'il devra suivre des yeux, ce qui l'obligera à s'asseoir (on l'espère !) lorsqu'elle passera derrière sa tête.

ÉTAPE N° 2 Dès que votre animal est assis, récompensez-le en disant « assis ! » d'un ton joyeux et en lui donnant la friandise. Il faudra plusieurs essais ou séances pour que votre chien s'asseye sans que vous le lui demandiez. Plus vous serez patient et mieux les choses se passeront. Il est inutile de forcer votre chien à s'asseoir en appuyant sur ses fesses. L'astuce consiste simplement à le prendre sur le fait au moment de s'asseoir et à le récompenser une fois les fesses par terre. Quand il aura compris ce que vous voulez et que vous associerez la position à l'ordre, il se fera un plaisir de se faire remarquer en position assise !

133 LUI APPRENDRE À SE COUCHER

Une fois que votre chien saura s'asseoir sur commande, il sera plus facile de lui apprendre à se coucher. Installez-vous à nouveau dans une pièce tranquille avec un petit tapis par terre. Cela lui permettra de ne pas glisser en apprenant à se coucher, ce qui lui donnerait envie de se redresser aussitôt. Il est inutile de forcer votre chien à s'allonger, il le fera naturellement si vous faites preuve de patience. Quand vous dites : « couché ! », votre chien comprend qu'il est censé rester dans cette position un certain temps, par exemple pour que vous ne vous inquiétiez pas alors que vous attendez pour traverser une rue très passante.

ÉTAPE N° 1 Donnez l'ordre à votre chien de s'asseoir. Vous pouvez ajouter un geste pour le renforcer. Le signe classique consiste à tendre la main, paume vers le haut et de la lever vers la poitrine.

ÉTAPE N° 2 Placez ensuite une friandise sous la truffe de votre animal et abaissez-la en l'éloignant vers le sol situé devant lui à la hauteur de sa poitrine. Votre chien adoptera alors des positions assez éloignées de celle, escomptée, du sphinx, mais récompensez-le quand même ! Toute posture vaguement allongée est un progrès et, en le récompensant, vous lui permettrez d'acquérir progressivement la position désirée.

ÉTAPE N° 3 Associez ce mouvement à un joyeux « couché ! » et, peu à peu, votre chien adoptera la position espérée. Bientôt vous pourrez allier l'ordre avec un signe de la main. Dans le geste classique, le bras s'abaisse d'une dizaine de centimètres vers le sol alors que la paume est cette fois-ci orientée vers le bas. N'oubliez pas les friandises une fois que votre chien est allongé pour que les choses soient bien claires.

SIGNES DE LA MAIN DURANT L'APPRENTISSAGE

ASSIS !

COUCHÉ !

DEBOUT !

134 FAIRE DES SIGNES DE LA MAIN

Vous n'avez pas envie d'utiliser à chaque fois des ruses de Sioux pour faire asseoir ou coucher votre chien. Rapidement, l'énonciation de l'ordre devrait suffire. Plus tard, vous devriez pouvoir lui demander calmement de s'asseoir et il le fera sans récompense ni compliment. Un simple « bon chien ! » suffira. Cependant, les chiens appréhendent les choses par les yeux et lisent le langage corporel plus facilement qu'ils ne comprennent les mots. En ajoutant un signe de la main à l'ordre, vous pourrez bientôt communiquer uniquement par gestes avec votre chien.

GESTES À DISTANCE Vous pouvez demander à votre chien de se coucher alors qu'il vous attend à l'extérieur d'un magasin en faisant le signe de la main correspondant. Il comprendra aisément ce geste fait à distance à travers la vitrine du magasin. Une fois l'apprentissage bien avancé, vous pouvez commencer à lui demander de s'asseoir et de ne pas bouger puis à vous éloigner d'une quinzaine de mètres. Vous vous retournez alors face à lui et, avant de lui demander de venir – généralement par un geste plus dynamique, comme de se frapper les mains sur les cuisses –, vous testerez son obéissance en lui ordonnant de s'asseoir. Il vous suffira alors de tourner la paume de la main vers le sol : votre chien comprendra l'ordre et obtempérera, même de loin.

GESTES POUR LES CHIENS PLUS ÂGÉS Ces ordres visuels sont très utiles pour les chiens plus âgés qui deviennent sourds et pour ceux qui le sont déjà.

FAIRE PREUVE DE CONSTANCE Vous n'avez pas l'obligation d'utiliser les gestes présentés ici et pouvez choisir ceux qui vous conviennent du moment qu'ils sont clairs pour le chien et que vous les utilisez avec constance. Néanmoins, les gestes standards sont souvent utilisés pour enseigner un comportement précis. Ainsi, lorsque vous apprenez à votre animal à s'asseoir, se coucher ou rester immobile, vous pouvez utiliser la technique consistant à attirer le chien avec une friandise placée dans la paume de la main. Le geste que vous ferez à ce moment-là devient alors le geste d'apprentissage.

PAS BOUGER !

AU PIED !

VIENS ICI !

135 « PAS BOUGER ! »

Pour apprendre à votre chien à ne pas bouger, il doit déjà savoir s'asseoir sur commande. Une fois assis, présentez-lui des friandises pour attirer son attention. Il doit avoir envie de travailler mais sans s'exciter. Vous allez lui apprendre le contrôle de soi et développer sa capacité à attendre patiemment en suivant les étapes ci-après.

ÉTAPE N° 1 Vous êtes debout devant votre chien et faites le geste « stop ! » (bras tendu devant vous avec la paume face à votre chien). Demandez-lui de rester tranquille puis donnez-lui une friandise s'il ne bouge pas.

ÉTAPE N° 2 Faites un petit pas en arrière et répétez le test. Reculez progressivement, un pas à la fois, en disant à chaque fois : « pas bouger ! » et en faisant le signe de la main. La répétition finira par faire sens. Il est important de ne donner une récompense que si votre chien reste parfaitement immobile. S'il fait un geste en soulevant une patte, en se redressant ou en marchant vers vous, reprenez à l'étape précédente. Vous avez trouvé la limite au-delà de laquelle l'animal n'obéit plus et il faudra travailler à cette distance avant d'aller plus loin.

ÉTAPE N° 3 Graduellement, même si vous ne progressez que par demi-pas, vous augmenterez la distance entre vous alors que l'animal restera sagement assis. Grâce à des séances répétées, votre chien devrait être capable de rester assis, même lorsque vous sortez brièvement d'une pièce.

136 UNE MINUTE SANS BOUGER

Une fois que vous avez travaillé à distance et pratiqué régulièrement l'ordre de ne pas bouger, vous pouvez vous concentrer sur la durée. Demandez à votre chien de s'asseoir ou de se coucher et de ne plus bouger (l'ordre de ne pas bouger et le signe de la main sont alors parfaitement acquis) et augmentez le temps d'attente (5 à 10 secondes) avant qu'il ne reçoive une récompense et se remette en mouvement. C'est un très bon exercice mental et d'attention. En le répétant, votre chien devrait pouvoir rester tranquille plusieurs minutes. Ce sera très utile s'il doit vous attendre devant un magasin ou à la porte de l'école.

137

APPRENDRE À SON CHIEN À VENIR SUR COMMANDE

Une façon simple et efficace d'apprendre à son chien à venir consiste à tenir une friandise dans la main fermée en poing et de lui dire : « viens ici ! ». Le poing fermé vous permet d'apprendre à votre chien à venir vers vous sans voir la friandise. Il apprend ainsi à se focaliser sur le signe de la main – le poing –, et il apprendra que parfois, lorsque le poing s'ouvre, il y a quelque chose à manger à l'intérieur. Parfois, la main sera vide, mais il aura des caresses et du renforcement positif. Pour votre sécurité et celle des autres, ne laissez jamais votre chien sans laisse dans des endroits publics tant qu'il ne répond pas à cet ordre.

ÉTAPE N° 1 Lorsque votre chien est dehors ou chez vous à l'autre bout de la pièce, pratiquez en lui ordonnant « viens ici ! » d'un ton enthousiaste et en lui montrant le poing. Au début, vous ouvrirez votre poing qui révélera la friandise. Donnez-la-lui en le félicitant avec chaleur.

ÉTAPE N° 2 Répétez plusieurs fois l'exercice dans différentes parties de la maison. Apprenez-lui à se focaliser sur votre poing alors qu'il est occupé à l'extérieur. Une fois que vous aurez d'emblée son attention malgré ses occupations, vous saurez qu'il a fait le lien entre le nouveau geste, l'ordre et les gâteries et compliments.

ÉTAPE N° 3 Une fois qu'il viendra chaque fois que vous l'appelez, vous n'aurez pas besoin de placer de friandise dans votre poing. Caressez-le et complimentez-le. En pratiquant au cours des semaines suivantes, réduisez progressivement les friandises jusqu'à ce qu'il vienne toujours vers vous, que vous ayez ou non un petit cadeau pour lui.

138

JOUER À « VIENS ICI ! »

Vous pouvez aussi mettre en place un jeu afin d'apprendre à votre chien à répondre quand vous l'appelez. Dans votre salon ou un espace extérieur clos, formez un cercle avec tous les membres de la famille placés à distance les uns des autres. Votre chien va venir et renifler l'un de vous et alors, un autre membre du cercle l'appellera sur un ton joyeux. Utilisez alors l'ordre « viens ici ! » associé à son nom. Votre chien se dirigera probablement en hâte vers cette voix joyeuse et, alors qu'il se trouvera devant la personne qui l'a appelé, celle-ci le félicitera et le caressera ou lui donnera une friandise. Pendant qu'il sera occupé avec cette personne, quelqu'un d'autre l'appellera en le récompensant de la même façon. Continuez jusqu'à ce que tout le monde ait pu faire plusieurs fois l'expérience. Utilisez des friandises alléchantes et applaudissez chaleureusement pour que votre chien apprenne tout en s'amusant énormément.

139

SIFFLER SON CHIEN

Si vous avez l'intention d'emmener votre chien dans des endroits où il courra librement, il serait bon de lui apprendre à répondre à un sifflement plutôt qu'à l'ordre verbal. Un sifflement peut être entendu de plus loin et vous permettra de ne pas hurler. Que vous recouriez à une commande verbale ou à un sifflement, vous pouvez ajouter un geste clair en ouvrant grand les bras et en vous frappant les cuisses ou en claquant des mains.

140 APPRENDRE À SON CHIEN À ROULER SUR LE DOS

Pour cet apprentissage, demandez d'abord à votre chien de se coucher (il est donc préférable d'avoir déjà travaillé sur l'ordre « couché ! »). Restez debout ou agenouillez-vous près de lui. Placez une friandise à proximité de sa gueule et déplacez-la lentement autour de sa truffe puis derrière lui pour qu'il passe sur un côté et roule finalement sur le dos. Toute tentative, même incomplète, de roulade sera félicitée et récompensée. En étant attentif à chaque petit progrès, vous encouragerez votre chien qui finira par rouler parfaitement. Vous pourrez alors associer son mouvement avec l'ordre « sur le dos ! » en continuant à le récompenser avec des friandises. Les surfaces douces (tapis, herbe) sont idéales pour qu'il puisse rouler sans se faire mal au dos. Et s'il ne semble guère aimer cela (certains chiens ont peur de passer sur le dos), travaillez sur autre chose. Il ne faut jamais forcer un chien à rouler sur le dos car il risquerait d'apprendre du même coup à avoir peur de vous.

141 APPRENDRE À SON CHIEN À FAIRE LE BEAU

Pour que votre chien fasse l'admiration de tous, il n'y a pas de meilleur moyen que de lui apprendre à faire le beau. Personne ne résiste à cette posture, adultes et enfants compris. Il est d'ailleurs étonnant de constater comme certains chiens l'assimilent rapidement et savent s'en servir pour demander toutes sortes de choses (sortir, manger, aller se promener, etc.). À nouveau, pour apprendre cette posture absolument craquante, il faudra seulement que votre chien sache s'asseoir sur commande.

ÉTAPE N° 1 Faites asseoir votre chien, présentez-lui une friandise entre le pouce et l'index et placez-la au-dessus de sa truffe. Votre chien va se mettre dans la posture désirée, comme lorsqu'il a appris à se coucher mais, cette fois-ci, l'appât est en hauteur.

ÉTAPE N° 2 Déplacez la main vers le haut et légèrement derrière la tête de votre chien dans un geste précis. Alors qu'il suit des yeux sa friandise, essayant de ne pas la perdre de vue, il va naturellement se dresser sur ses pattes postérieures. Donnez-lui l'ordre de faire le beau au moment où il se met en position. Après quelques répétitions, votre chien pourra passer directement de la posture debout à celle-ci.

142 L'APPRENTISSAGE DE « VA CHERCHER ! » ET « LÂCHE ! »

Peut-être votre chien va-t-il chercher et rapporter les objets naturellement. Si ce n'est pas le cas, apprenez-lui ! Vous lui ferez ainsi faire beaucoup d'exercice tout en vous économisant. Il est essentiel d'apprendre à votre chien à lâcher un objet potentiellement dangereux et cet exercice une manière ludique de le faire. Un avertissement cependant : une fois que votre chien aura compris le truc, préparez-vous à des centaines de répétitions car il ira chercher et rapportera sans se lasser avec un regard qui dira : « encore ! ».

ÉTAPE N° 1

Pour commencer, faites une petite incision dans une balle creuse en caoutchouc et choisissez une balle avec laquelle votre chien ne risque pas de s'étouffer. Placez des friandises dans la balle et montrez à votre animal ce qui est caché dedans. Donnez-lui envie en lui en faisant goûter une pour qu'il sache combien elles sont délicieuses.

ÉTAPE N° 2

Faites tourner la balle autour de son museau avant de la lancer, en l'encourageant avec un « va chercher ! ». S'il va chercher la balle, et même s'il ne la ramène pas, félicitez-le. Courez chercher la balle avec votre chien et relancez-la. Il commencera à comprendre le jeu et à l'aimer parce que vous jouez avec lui et que cela réveille son instinct de chasse.

ÉTAPE N° 3

Avec le temps, au lieu d'aller chercher la balle avec lui, encouragez-le en claquant des mains pour qu'il vous la rapporte. Même s'il la dépose encore loin de vous, félicitez-le. Votre chien progressera avec le temps grâce au renforcement positif et finira par vous la rapporter. Vous pourrez alors enlever les friandises de la balle et les garder à la main.

ÉTAPE N° 4

Lancez la balle et dites : « va chercher ! ». Cette fois-ci, offrez-lui une friandise lorsqu'il revient avec la balle. Comme il doit la lâcher pour avoir sa friandise (même si ce n'est encore pas à vos pieds), dites « lâche ! » au moment où il le fait. Certains chiens comprennent vite, d'autres plus lentement. Amusez-vous et soyez patient durant cet apprentissage.

143

L'APPRENTISSAGE DE « VA CHERCHER ! » DANS L'EAU

Une fois que votre compagnon est capable d'aller chercher quelque chose sur la terre ferme, il est souvent simple de lui apprendre à faire de même dans l'eau. Beaucoup de chiens aiment nager et saisissent n'importe quel prétexte pour faire un petit plongeon. D'autres sont plus méfiants à l'idée de se mouiller les pattes. Le plus important consiste à vérifier que votre jouet flotte bien car ce serait une triste séance s'il venait à couler. Il s'agit de trouver une étendue d'eau sûre, de profondeur progressive pour que votre chien puisse facilement y marcher et ne risque pas d'être emporté. Lancez l'objet près de la rive d'abord, pour pouvoir le récupérer vous-même si votre ami fait de la résistance. Puis augmentez la distance pour que votre chien ait à nager un peu pour récupérer l'objet. Ne cédez jamais à la tentation d'obliger votre animal à plonger car il pourrait être surpris de se retrouver sous l'eau et paniquer. Vous pourriez en définitive vous retrouver avec un chien peureux et méfiant, même envers vous, à proximité de plans d'eau.

144 NAGER EN TOUTE SÉCURITÉ

La nage est un excellent exercice pour les chiens. Quelle que soit le type d'étendue d'eau, évaluez d'abord les dangers potentiels avant de laisser votre animal y aller. Comme toujours, l'apprentissage de l'obéissance est essentiel. Lorsque vous l'appelez, votre chien devra vous obéir aussi bien que sur la terre ferme.

LACS ET RIVIÈRES Vérifiez soigneusement qu'il n'y a pas de risque à laisser votre chien y aller. Les courants peuvent être forts et rapides, s'intensifiant en quelques minutes s'il y a des crues. Dans les rivières et lacs naturels, les conditions peuvent changer d'un jour à l'autre avec des courants plus forts, une eau plus profonde et des dangers jusqu'alors inconnus.

PISCINES Le chien plongera dans la piscine sans y penser à deux fois mais, si les parois sont lisses, il risque de paniquer s'il ne parvient pas à sortir rapidement. Même les piscines dotées d'une sortie bien visible (des marches sortant de l'eau) peuvent être fatales si le chien nage du mauvais côté et s'épuise en tentant de sortir. Ne laissez jamais votre chien seul près d'une piscine.

MARES Les grandes mares peuvent présenter les mêmes dangers que les piscines si le chien a du mal à sortir. Les algues flottant à la surface de l'eau peuvent être toxiques et problématiques. Même les petites mares sont dangereuses si une boue épaisse s'y est accumulée. Si une mare n'est pas clôturée, il vaut mieux ne pas laisser votre chien sans surveillance.

MER Les vagues présentent les mêmes dangers pour les chiens que pour les jeunes enfants si elles les éloignent du rivage. Les chiens désorientés risquent de nager dans la mauvaise direction. Les courants peuvent être forts et les lames de fond dangereuses. Familiarisez-vous avec la zone avant d'y laisser nager votre chien. Et, en cas de doute, oubliez la natation !

145 LE GILET DE SAUVETAGE

Il existe des gilets de sauvetage pour chiens. Si vous pensez emmener votre compagnon sur un bateau, il vaut mieux l'équiper d'un de ces gilets, même si c'est un excellent nageur. Les gilets de sauvetage pour chiens, comme ceux des humains, sont généralement de couleur vive, afin que l'animal soit clairement visible s'il tombe dans une mer agitée. Ils peuvent être équipés de bandes réfléchissantes pour une visibilité accrue. Ces gilets sont généralement équipés d'une poignée qui permet de hisser plus facilement l'animal hors de l'eau, si cela s'avère nécessaire.

146 COMPENDRE LA MÉTHODE DU CLICKER-TRAINING

Cette méthode de renforcement positif recourt à l'utilisation d'un clicker, un petit gadget sonore, qui contribue à l'apprentissage de votre chien en renforçant ses comportements désirés. Les clickers sont disponibles à un prix modique sur Internet et dans les boutiques spécialisées. Le fondement de cette technique est très simple : lorsque votre chien fait ce que vous attendez de lui, vous cliquez, puis vous le caressez et le récompensez.

Le clicker permet de marquer l'instant précis où l'animal fait ce que vous attendez. Le cliquetis est toujours suivi d'une récompense car il en est la promesse et permet de faire passer le message suivant : « je marque le moment où tu as fait ce que je voulais et la récompense est sur le point d'arriver. » Il existe plusieurs usages du clicker pour saisir un comportement, le provoquer ou le mettre en place.

SAISIR UN COMPORTEMENT Les chiens adoptent certaines postures et certains comportements sans que vous ayez besoin de leur enseigner, mais il s'agit de leur faire faire sur commande. En utilisant le clicker lorsqu'un chien fait naturellement ce que vous voulez, vous « saisissez » l'acte naturel pour le transformer en un comportement que vous pouvez contrôler.

PROVOQUER UN COMPORTEMENT Pour provoquer un comportement, vous poussez votre chien à faire quelque chose de précis. Vous utilisez une friandise en appât pour qu'il s'asseye, se couche, etc. Au moment où il le fait, vous cliquez puis vous le récompensez. Vous devrez sans doute répéter le processus un certain nombre de fois.

MISE EN PLACE D'UN COMPORTEMENT Certains comportements s'acquièrent en plusieurs étapes. Pour qu'il aille chercher une balle, il faut que votre chien soit assis ou allongé jusqu'au moment où vous la lancez. Il doit alors la rapporter puis la lâcher. En enseignant et récompensant chaque étape, vous pouvez mettre en place des séquences complexes.

147 DÉBUTER DANS LA MÉTHODE DU CLICKER-TRAINING

Pour commencer, vous aurez besoin de deux choses : un clicker et un bol de friandises. Assurez-vous qu'elles sont suffisamment petites pour que votre chien n'ait pas de problèmes digestifs s'il en mange beaucoup.

ÉTAPE N° 1 Asseyez-vous sur une chaise avec le bol sur les genoux ou sur une table voisine. Tenez le clicker dans une main, l'autre servira à donner les friandises.

ÉTAPE N° 2 Faites résonner le clicker et donnez immédiatement une friandise à votre chien. Dès qu'il a terminé, cliquetez à nouveau et donnez une deuxième friandise à votre animal.

ÉTAPE N° 3 Répétez les deux premières étapes jusqu'à ce que votre chien regarde impatiemment le clicker plutôt que le bol. Félicitations ! Votre chien a maintenant compris qu'il doit entendre résonner le clicker pour recevoir une succulente récompense.

148 AJOUTER UNE COMMANDE VERBALE

Lorsque vous avez la certitude que votre chien a compris ce qu'il doit faire pour entendre un clic et que vous le voyez répéter ce geste seul, il est temps d'associer comportement et commande verbale. Pour cela, il vous suffit de suivre ces deux étapes très simples.

ÉTAPE N° 1 Observez votre chien. Quand il commence à faire ce que vous attendez de lui, prononcez une commande verbale et faites résonner le clicker s'il le fait avec succès. Pratiquez plusieurs fois à la suite : ordre, clicker, récompense.

ÉTAPE N° 2 Ensuite, réservez la séquence clicker-récompense aux fois où vous avez effectivement verbalisé l'ordre. Autrement dit : arrêtez cette séquence lorsque votre chien fait naturellement quelque chose et reprenez-la uniquement lorsqu'il a répondu à une demande.

152 UN COLLIER ADAPTÉ

Trop grand, trop serré, trop large ? Trouver le bon collier est un véritable casse-tête. Vérifiez qu'il n'est pas trop serré et que vos doigts peuvent passer entre le collier et le cou de votre chien. Il ne faut pas qu'il soit trop large non plus afin d'éviter que votre chien s'en débarrasse. En magasin spécialisé, vous pouvez faire des essais sur place et demander de l'aide au vendeur. Les chiots doivent porter leur premier collier à l'âge de huit semaines. Mettez au chiot son collier pendant une demi-heure environ et jouez avec lui pendant ce temps. Ne le laissez pas sans surveillance dans la maison avec son nouveau collier, il pourrait par accident l'accrocher dans quelque chose ! Il est important d'ajouter une plaque d'identification avec tous les renseignements nécessaires au collier de votre chien, même s'il est équipé d'une puce. S'il se perdait, la personne qui le retrouverait pourrait ne pas avoir le réflexe de faire vérifier la présence d'une puce chez le vétérinaire en l'absence de plaque d'identité.

153 ESSAYER LE COLLIER MARTINGALE

Si vous craignez que votre chien ne fuie ou s'il tire comme un fou sur sa laisse, essayez donc le collier martingale composé de deux boucles de tailles différentes. La plus grande passe autour de la tête du chien et s'ajuste en toute sécurité sans le serrer. La laisse est alors fixée à l'anneau de la petite boucle. Lorsque votre chien tire sur sa laisse ou tente de sortir la tête du collier, la tension resserre la petite boucle qui resserre la plus grande autour du cou de l'animal.

PLUS DE SOUPLESSE Lorsque la laisse n'est pas tendue à l'excès, la martingale est plus souple, réduisant les risques d'irritation de la peau.

CONTRÔLE EN DOUCEUR Les martingales sont recommandées par certains dresseurs pour servir à corriger le chien, à ne pas confondre avec le brutal collier étrangleur.

PRESSION CONSTANTE La martingale évite les pressions exercées sur la trachée par le collier traditionnel. Avec une martingale, lorsque le chien tire plus, la pression s'exerce tout autour de son cou.

154 CHOISIR UNE LAISSE

Lorsqu'il s'agit de choisir la laisse qu'il faut à votre chien, et en dehors des considérations esthétiques (unie ou ornée de motifs métalliques, de diamants, etc.), il faut considérer la taille et la force de votre chien. Une laisse en nylon convient généralement mais, si vous avez un chien particulièrement fort ou turbulent, vous aurez besoin d'une laisse plus résistante qui offrira une meilleure prise. Les laisses métalliques ou en corde peuvent être de bonnes options pour les chiens très puissants. Si vous avez deux petits chiens, vous pouvez utiliser une laisse double afin de n'avoir qu'une seule poignée en main pour les contrôler. Une laisse à enrouleur est une bonne option si vous voulez garder votre animal en laisse tout en lui accordant plus de liberté.

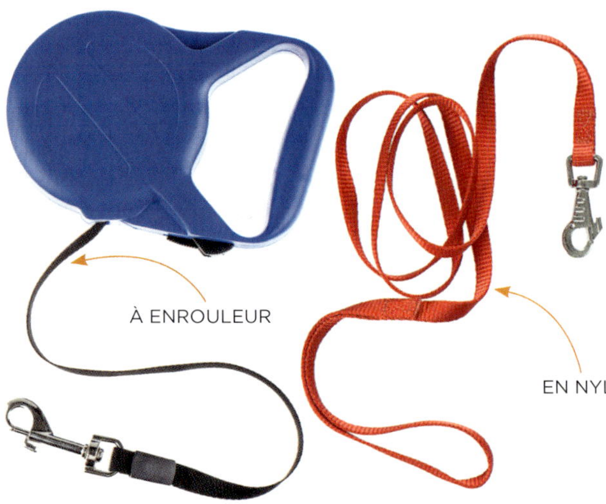

155 L'APPRENTISSAGE DE LA LAISSE

Tous les chiens n'ont pas connu la laisse depuis leur plus jeune âge. Si vous avez un chien qui n'y est pas habitué, pas d'inquiétude, il n'est jamais trop tard pour apprendre ! Commencez par marcher avec votre compagnon en laisse dans la maison pour qu'il en prenne l'habitude. Une fois l'animal à l'aise, vous pourrez aller vous promener ! N'oubliez pas de le laisser faire des pauses s'il en a besoin et de le rassurer par des caresses et des friandises si une longue promenade le rend nerveux. Dans ce cas, il vous faudra revenir un peu en arrière et recommencer à marcher là où il y a moins de circulation, de chiens et de distractions. Bientôt, votre animal adorera vous voir sortir la laisse parce qu'il saura que la promenade est sur le point d'arriver !

ÉTAPE N° 1 Commencez par fixer la laisse sur le collier de votre chien et récompensez-le pour cela. On fixe la laisse : friandise. On enlève la laisse : rien.

ÉTAPE N° 2 Fixez la laisse et laissez votre chien déambuler avec dans la maison (sous surveillance, il ne faudrait pas qu'il s'accroche et se blesse).

ÉTAPE N° 3 Une fois qu'il est habitué à voir et à sentir la laisse, prenez la poignée et tenez-la en douceur. Si votre chien se fige ou recule, ne luttez pas. Au contraire, essayez de l'attirer avec une friandise tenue dans la main avec le bras pendant sur un côté pour l'encourager à vous suivre. Ne tirez pas l'animal, mais essayez de vous déplacer doucement ensemble.

ÉTAPE N° 4 Déambulez dans les pièces de la maison avec des friandises à la main afin que votre chien associe positivement le fait d'être en laisse. Une fois que tout se passe bien dans la maison, passez dans la cour ou un espace restreint. Utilisez à nouveau les friandises pour l'attirer et lui permettre de s'habituer à être en laisse.

156 SAVOIR UTILISER LE HARNAIS

Le harnais permet de contrôler le corps du chien. Il se glisse sur les épaules et autour de la poitrine de l'animal, au-dessous du collier (qui reste en place, avec sa plaque d'identification).

SÉCURITÉ Le harnais s'utilise pour de nombreuses raisons. Si votre chien a subi des blessures au cou, à la trachée ou si vous voulez éviter ce type de blessures, le harnais s'adapte mieux à son corps et permet de ne pas tirer sur sa tête.

CONTRÔLE Si votre chien, de grande taille ou débordant d'énergie, est difficile à contrôler, le harnais sera très utile car il est plus solide, exerce moins de pression sur le corps du chien et apaisera votre peur qu'il ne parvienne à se débarrasser de sa laisse.

CONFIANCE Le harnais est aussi utile pour les apprentissages car il permet de mieux contrôler le corps de votre chien. Il vous donnera la confiance nécessaire pour rester concentré durant une promenade : c'est essentiel si vous voulez avoir un chien qui se comporte bien. Celui-ci doit sentir que le chef prend soin de lui. Le harnais vous permet de vous concentrer sur les apprentissages et de vous lancer dans de beaux exercices de communication.

157 ÉVITER LA LAISSE RÉTRACTABLE POUR LES APPRENTISSAGES

La laisse rétractable est très utile dans certaines situations. Par exepmle, si vous voulez donner un peu de liberté à un animal récemment adopté durant une promenade, mais n'êtes pas sûr qu'il reviendra quand vous l'appellerez. Cependant, ce type de laisse est nettement moins adapté à l'apprentissage. Parce qu'il propose plusieurs distances et permet à votre chien d'en tester les limites, celui-ci aura du mal à rester concentré sur vous. Lorsque vous marchez et travaillez avec votre animal, son attention doit être fixée sur vous. La laisse rétractable est alors contre-productive, permettant au chien d'explorer son environnement d'une manière aussi incontrôlée qu'imprévisible. En utilisant une laisse classique lors du dressage, votre chien comprendra les limites qui lui sont imposées et vous ne devrez pas vous battre pour avoir son attention. Lors des apprentissages, il vaut mieux éliminer la concurrence des distractions visuelles et olfactives de façon à ce que tout se passe de la manière la plus carrée et complice possible. Une laisse standard vous permettra d'y parvenir beaucoup plus facilement.

?

QUE PENSER DE ?

LE COLLIER ÉTRANGLEUR : CORRECTION OU CRUAUTÉ ?

Tout est dans son nom : le collier étrangleur est un moyen de correction archaïque qui n'a pas sa place dans les méthodes de dressage modernes. Il est dangereux car il risque de blesser la trachée de l'animal. Si vous ne pouvez empêcher votre chien de tirer sur sa laisse sans employer ce type de collier, faites appel à un dresseur pratiquant le renforcement positif.

158
EMPÊCHER SON CHIEN DE TIRER SUR SA LAISSE

Apprendre à son chien à ne pas tirer sur sa laisse a de multiples avantages. Les promenades seront plus agréables, vous en ferez sans doute plus, avec des bénéfices en matière de santé physique et mentale pour votre chien et vous-même. Vous éviterez de potentielles blessures à la main, au poignet, au cou, aux épaules et au dos. Votre chien s'épargnera le cou, la gorge et le dos. Même si vous vivez dans un environnement où la laisse n'est pas nécessaire, vous ne pouvez jamais savoir lorsque cet apprentissage sera utile : lors d'une visite chez le vétérinaire, chez des amis ou dans un environnement nouveau. Si votre chien à tendance à trop tirer sur sa laisse, il peut sembler impossible de changer les choses. Voici pourtant un exercice facile qui, pratiqué avec patience et persistance, enseignera à votre chien à ne pas tirer sur sa laisse, mais à marcher joyeusement à vos côtés.

ÉTAPE N° 1 Tenez la laisse en main en la maintenant fermement derrière votre dos ou le bras le long de votre corps. Cela se passera ainsi chaque fois que votre chien aura tiré dessus : il comprendra vite qu'il n'y a rien à retirer de ce type de comportement.

ÉTAPE N° 2 Jouez maintenant à feu rouge/feu vert. Lorsque votre chien tire : feu rouge ! Arrêtez-vous et restez immobile.

ÉTAPE N° 3 Dès qu'il fait quelque chose qui donne du mou (il ne tire plus, se rapproche de vous, vous regarde, etc.) : feu vert ! Félicitez-le et remettez-vous immédiatement à marcher.

ÉTAPE N° 4 Vous augmenterez peu à peu la distance parcourue sans que votre chien ne tire sur sa laisse. C'est un jeu de patience : ne cessez jamais de pratiquer le feu rouge chaque fois qu'il tire et le feu vert si la laisse conserve du mou.

159
RECOURIR À UN COLLIER DE DRESSAGE

Un collier de dressage peut être utile pour apprendre à votre chien à ne pas tirer sur sa laisse, surtout s'il ne l'aime pas ou s'il est particulièrement musclé et donc difficile à gérer pendant les promenades. Le collier de dressage fonctionne comme le licol d'un cheval et passe sur le museau du chien. Si celui-ci tire sur sa laisse, le licol rabat sa tête vers le bas et ferme sa mâchoire. Même si l'usage de tels colliers est controversé (danger pour le cou, déni des mouvements impulsifs), de nombreux dresseurs les recommandent pour les propriétaires qui ont des problèmes à gérer leurs chiens durant les promenades. Assurez-vous que le collier s'adapte bien : il ne doit ni glisser ni laisser des marques sur votre animal. La plupart du temps, les fabricants proposent des tutoriaux vidéo pour vous aider à en faire un bon usage. Enfin, rappelez-vous de ne jamais tirer sur ce type de collier pour punir votre chien car vous risqueriez de le blesser sérieusement.

ÉTAPE N° 1 Au départ, votre chien n'appréciera sans doute pas ce collier. Commencez par passer la truffe de votre animal dedans et récompensez-le pour vous avoir permis de le faire.

ÉTAPE N° 2 Répétez cette première étape autant que nécessaire. Puis poursuivez en fixant le collier derrière sa tête, et offrez-lui une nouvelle friandise pour ce grand pas en avant. Une fois que votre chien ne cherche plus à enlever le collier, vous pouvez y fixer la laisse et marcher dans la maison pour qu'il s'y habitue.

ÉTAPE° 3 Il faut du temps pour que le chien se sente à l'aise avec un tel collier mais, une fois que c'est fait, vous pouvez faire une courte promenade. Augmentez peu à peu la durée de vos sorties pour que votre animal s'habitue à porter le licol plus longtemps.

160 METTRE EN PLACE UN RITUEL DE SALUTATION

En promenade, les bagarres et autres altercations entre chiens sont fréquentes. Elles sont souvent dues au sentiment d'insécurité que peuvent ressentir les chiens dès qu'il s'agit d'avoir une interaction avec un congénère alors qu'ils se sentent contraints par leur laisse. La mise en place d'un rituel de salutation dans lequel vous prenez part fera toute la différence. Vous allez apprendre à votre chien à saluer ses congénères en laisse au cours d'une expérience positive et sûre. Une fois que la rencontre a eu lieu, la curiosité de votre chien s'apaise et il redevient calme. En outre, le rituel, parce que vous l'initiez, renforce le lien entre vous et votre animal.

ÉTAPE N° 1 Lorsque vous voyez un autre chien en laisse, arrêtez-vous et demandez au vôtre de s'asseoir. Alors que le chien inconnu approche, demandez à son maître s'il est amical avec ses congénères. S'il n'en est pas sûr, votre chien restera tranquille en attendant que les inconnus se soient éloignés.

ÉTAPE N° 2 Si l'autre chien est amical, faites signe au vôtre qu'il peut le saluer. La rencontre devra être brève et amicale. Poursuivez ensuite votre promenade. En contrôlant la situation, vous avez donné à votre chien le cadre adapté pour qu'il se sente en sécurité.

161 PRÉVOIR DU TEMPS LIBRE

Votre chien va avoir envie d'explorer et de profiter du monde à sa manière, c'est-à-dire en reniflant, reniflant et reniflant encore ! Souvenez-vous que la promenade est le moment privilégié de votre chien plutôt que le vôtre. Il est donc bon de le laisser gambader à sa guise, au moins un moment. Vous pouvez satisfaire ses besoins instinctifs de manière structurée en instaurant une commande « temps libre ». Si vous laissez cette liberté à votre chien, mais sur commande, il ne devrait pas lutter pour l'obtenir pendant les moments que vous passez tous les deux.

Cette stratégie est simple. Définissez la commande souhaitée accompagnée d'un geste de la main et utilisez-la chaque fois que vous donnez du temps libre à votre chien. Ainsi, si vous êtes en promenade et qu'il marche à vos côtés depuis dix minutes, cela peut être le bon moment pour lui accorder un peu de temps libre. Tapotez sa poitrine ou dites avec excitation : « temps libre ! » et désignez un coin d'herbe

verte. Laissez-le renifler et s'amuser quelques minutes avant de mettre un terme à la session et de reprendre la marche. Faites quelques sessions de ce type durant vos promenades.

Votre chien sera plus heureux en ayant la certitude que vous lui donnerez tout ce dont il a besoin. Il choisira donc de vous écouter, et vous respectera d'autant plus.

162 VOYAGER EN TOUTE SÉCURITÉ

Il est essentiel d'y aller doucement quand vous présentez des situations nouvelles à votre chien. Si vous souhaitez qu'il vous accompagne en voyage, il faut d'abord l'habituer à la voiture. Et pourquoi pas ? Votre voiture peut vous permettra de vivre de formidables aventures dans les grands espaces loin de la ville ou dans son bois préféré. Si votre chien l'associe à de belles sorties, cela vous aidera beaucoup à lui faire considérer ce moyen de transport comme un paradis canin et non comme une prison bruyante et effrayante.

ÉTAPE N° 1 Commencez par habituer votre chien à entrer et à sortir de la voiture, que vous le portiez ou qu'il saute dedans (peut-être avec l'aide d'une friandise ou deux). Répétez cette étape plusieurs fois pour que votre chien le fasse naturellement.

ÉTAPE N° 2 Asseyez-vous ensuite dans la voiture avec votre chien, mais sans démarrer. Laissez-le se familiariser avec ce nouvel environnement. Donnez-lui une friandise, félicitez-le ou apportez son jouet favori de telle sorte qu'il associe sa présence dans la voiture à un événement positif. Vous devrez sans doute renouveler cette expérience avant d'aller plus loin.

ÉTAPE N° 3 Une fois que votre chien entre et s'installe sans problème dans la voiture, fixez le harnais de sécurité ou placez-le dans sa caisse pour une sécurité optimale. Il ne faudrait pas que votre chien vous saute dessus alors que vous êtes sur l'autoroute, il ne doit donc pas bouger. Faites ensuite le tour du pâté de maisons.

ÉTAPE N° 4 Répétez l'étape précédente alors que vous augmentez la longueur des déplacements et allez de plus en plus loin. Vous devrez habituer votre chien à des déplacements plus longs, tout en faisant en sorte que la voiture soit toujours un endroit joyeux, positif et calme.

163 NE JAMAIS LAISSER SON CHIEN SEUL DANS LA VOITURE

Ce n'est jamais une bonne idée de laisser son chien seul dans la voiture. L'été, la température monte vite dans l'habitacle, même en laissant une fenêtre entrouverte. Il est aussi facile de kidnapper un chien et, si vous le laissez seul, le risque existe. Le laisser seul dans la voiture peut ainsi s'avérer une erreur fatale, prenez donc soin de ne l'emmener avec vous que s'il peut participer à vos activités une fois arrivés à destination.

164 ARPENTER LES GRANDS ESPACES

Pour rester sur la même longueur d'ondes que votre chien, vous devez connaître l'immense pouvoir de ce avec quoi vous rivalisez. En effet, lorsque vous emmenez votre chien dans un nouvel environnement, il est submergé par des odeurs innombrables et des visions nouvelles. Il risque d'avoir plus de mal que d'habitude à se concentrer et à vous écouter. C'est normal. N'oubliez pas la règle de base : plus la distraction est grande, plus importantes seront les récompenses. Cela signifie que si votre chien ne sait plus où donner de la tête pour aller sentir et regarder toutes les nouveautés qui s'offrent à lui, vous devez préparer des friandises capables de lutter contre ce feu d'artifice de sensations et d'odeurs ! Si, durant un apprentissage dans la cuisine, un simple biscuit suffit à canaliser votre chien, lorsque vous ferez le tour d'un lac, avec d'autres chiens, des inconnus, sans parler de l'herbe et de la terre, vous devrez en revanche employer les grands moyens. N'utilisez ces friandises exceptionnelles que lorsque vous faites des sorties spéciales et pour attirer son attention. Vous lui donnerez bien sûr plein de possibilités d'explorer ce nouveau monde extraordinaire, mais vous devrez toujours pouvoir capter son attention à l'instant où cela deviendra nécessaire.

165 COURIR AVEC SON CHIEN

La course est très bonne pour la santé de votre animal ainsi que pour la vôtre, sans compter que cela ajoute du piment aux exercices habituels. Si votre chien est énergique, il aimera sans doute l'exercice. S'il se crée des ennuis à force de sauter partout comme un forcené, le fatiguer un peu apportera du calme dans votre foyer. Mais avant d'enfiler vos baskets et de vous précipiter dehors, il y a plusieurs choses à prendre en compte.

CONTRÔLE MÉDICAL Considérez l'état de santé de votre chien avant d'aller faire du sport avec lui. S'il est âgé ou en surpoids, la course pourrait constituer une trop grande pression sur ses articulations ou son cœur. Il vaudra mieux voir votre vétérinaire avant de commencer.

PROGRESSION DOUCE Avec le temps, votre chien forgera son endurance et sa force qui préviendront blessures et épuisement. Commencez doucement et guettez l'apparition de signes de fatigue ou de surchauffe.

ATTENTION AUX COUSSINETS Votre chien ne porte pas de baskets, choisissez donc des sentiers d'herbe ou de terre et vérifiez régulièrement le bon état de ses coussinets.

166 FAIRE DU VÉLO AVEC SON CHIEN

Par une belle journée printanière, vous faites du vélo dans la campagne, accompagné d'un chien obéissant et en pleine forme qui court joyeusement à vos côtés. Félicitations : vous vivez un rêve ! Néanmoins, il y a des choses à prendre en compte avant de s'aventurer à vélo avec son animal. Vous devez toujours rester en sécurité. Il arrive que le chien quitte le cycliste avec qui il courait. Vous ne devez pas être ce cycliste !

VISITE CHEZ LE VÉTÉRINAIRE Tout comme pour la course, n'envisagez pas d'emmener faire du vélo avec vous un chien sédentaire ou en surpoids. Entraînez d'abord votre compagnon à marcher ou à courir avec vous. Même s'il semble en grande forme, allez voir votre vétérinaire pour exclure la présence d'un problème qui serait aggravé par un exercice important.

S'ÉQUIPER Investissez dans une laisse spéciale pour faire du vélo et dans une structure métallique de séparation qui s'attache au vélo afin que la laisse et le chien restent éloignés des roues. Ce système est beaucoup plus sûr que d'attacher la laisse au guidon. Attachez l'autre extrémité de la laisse à un harnais bien ajusté plutôt qu'à un collier. Collez des bandes réfléchissantes sur le harnais de votre chien si l'éclairage est faible. N'oubliez pas de prendre son bol, de l'eau et, surtout, pédalez doucement, arrêtez-vous régulièrement pour vérifier que tout va bien et laissez à votre chien de petits temps de repos.

167 APPRENDRE À SON CHIEN À COURIR PRÈS DU VÉLO

Attacher la laisse de son chien au guidon de son vélo avant de partir, et c'est la catastrophe assurée. Vous devez utiliser un kit de séparation chien/vélo et acclimater progressivement votre animal à cette nouvelle expérience très déconcertante. Si vous n'avez jamais couru avec un chien de votre vie, vous allez être nerveux et il le sentira.

ÉTAPE N° 1 Commencez par marcher à côté du vélo avec votre chien de l'autre côté. Félicitez-le et récompensez-le pour son calme. Les premiers déplacements devront être courts et vous continuerez à faire des allers-retours simples en marchant à côté de votre vélo. Puis passez à des parcours plus complexes en changeant de direction, mais jamais sans informer votre chien de vos intentions en disant : « tourner à gauche », « ralentir », « stop » etc.

ÉTAPE N° 2 Lorsque vous sentez qu'il est prêt pour un premier essai, commencez doucement et félicitez-le pour son calme en faisant en sorte qu'il se focalise sur vous. Même si c'est plutôt bon signe s'il s'intéresse à autre chose qu'au vélo, ne prenez aucun risque. Restez sur des chemins tranquilles aux surfaces molles et n'essayez pas de prendre de virage, mais contentez-vous des lignes droites en informant votre chien des moments où vous allez stopper.

ÉTAPE N° 3 Répétez l'étape précédente autant que nécessaire et préparez-vous à marcher à côté du vélo si votre chien se montre effrayé. Une fois détendu, négociez le premier virage qui devra être clairement visible pour ne pas prendre votre animal par surprise. Faites de petits trajets tant que votre chien n'a pas pris suffisamment d'assurance et n'a pas assimilé les nouvelles commandes. Si possible, allez jusqu'à un champ où vous pourrez le libérer et jouer avec lui de façon à ce qu'il associe le vélo au jeu.

ÉTAPE N° 4 Après les premières semaines durant lesquelles votre chien aura pris ses habitudes, vous pourrez imposer une allure plus vive. Au début, retournez dans un endroit qu'il aime pour le récompenser par un jeu. Rapidement, il devrait prendre du plaisir à courir alors que vous pédalez. Vous pouvez augmenter progressivement la distance, mais guettez tout signe de fatigue (essoufflement marqué, bave en excès). Faites des arrêts réguliers pour qu'il boive et se repose.

168 PENSER À D'AUTRES OPTIONS EN VÉLO

Si votre chien est en mauvaise forme ou trop âgé pour courir à vos côtés, il existe d'autres moyens de profiter de sorties cyclistes avec lui. On peut habituer les petits chiens à voyager dans des sacs adaptés et les chiens plus âgés à embarquer dans une sorte de poussette que tirera le vélo. On a déjà vu des petits chiens voyager avec plaisir dans des sacs à dos adaptés, mais il faut prendre des précautions pour qu'ils ne souffrent pas d'un coup de froid ou d'une chaleur excessive.

169 JOUER À CACHE-TAMPON À LA MAISON

Votre chien et vous-même passerez un bon moment à jouer à cache-tampon, car ce jeu, qui consiste à retrouver un objet caché, fait appel à son instinct de chasseur. Il sera plus facile de jouer aux deux versions suivantes si votre compagnon sait déjà s'asseoir, s'immobiliser et aller chercher sur commande.

CACHE-TAMPON Ordonnez à votre chien de rester assis dans une pièce tandis que vous allez dans une autre. Cachez l'objet dans un endroit facile à trouver (placard à la porte ouverte, derrière un canapé). Appelez votre chien sur un ton joyeux et excité, mais essayez de ne pas lui donner d'indications. Félicitez-le à grands renforts de caresses lorsqu'il aura retrouvé l'objet afin qu'il soit fier de sa performance. Généralement, les enfants adorent jouer à cache-tampon avec leur chien.

TROUVER LE TRÉSOR CACHÉ Jouez à une autre version de cache-tampon avec une balle ou un jouet. Préparez votre chien en jouant d'abord brièvement avec de façon qu'il sache quel jouet vous allez cacher. Demandez-lui de rester assis à l'extérieur de la pièce où vous allez dissimuler l'objet, puis ouvrez la porte et ordonnez-lui : « cherche ! ». Dans un premier temps, la cachette devra être facile à trouver puis vous augmenterez la difficulté au fil de ses progrès. Récompensez-le avec des compliments ou des friandises. Certains chiens sont si bons à ce jeu qu'il est très difficile de se montrer plus rusé qu'eux.

170 UN, DEUX, TROIS, SOLEIL !

La version canine de ce jeu est une bonne façon de canaliser un trop-plein d'énergie et de consolider les ordres « assis ! » et « pas bouger ! ». Il s'agit simplement de surexciter votre chien puis de faire en sorte qu'il se calme immédiatement. Recourez à l'ordre « chut ! » dans le cas très vraisemblable où il exprimerait vocalement son excitation. Votre chien apprend ainsi l'obéissance, ce qui pourra se révéler très utile dans toutes les situations du quotidien où il se montrera un peu trop surexcité.

ÉTAPE N° 1 Sautez et dansez avec votre chien pour faire monter son niveau d'énergie.

ÉTAPE N° 2 Immobilisez-vous et ordonnez à votre chien : « assis ! Pas bouger ! ».

ÉTAPE N° 3 Immobilisez-vous tous les deux, puis récompensez votre chien.

ÉTAPE N° 4 Et recommencez !

171 PROMENADE DANS LES ESPACES VERTS

Ces espaces permettent la socialisation de votre animal et la rencontre avec d'autres maîtres, mines potentielles de renseignements sur les meilleurs vétérinaires, les boutiques de toilettage, les chiens à éviter, etc. Néanmoins, ces espaces peuvent être dangereux si vous ne prenez pas les mesures adéquates, surtout lors des premières sorties. Voici des conseils qui permettront à votre animal d'y être toujours heureux et en sécurité.

CONNAÎTRE SON CHIEN Tous les chiens n'aiment pas les rencontres. Faites en sorte que le vôtre ne rencontre pas trop de congénères à la fois. S'il n'a pas l'habitude d'interagir avec d'autres chiens, faites d'abord un test dans un environnement contrôlé avant d'aller dans un espace vert. Vous pouvez le présenter au chien d'un ami afin de savoir comment il réagit.

PRÉSERVER SA SANTÉ Assurez-vous que votre chien ne risque pas d'attraper certaines maladies en étant toujours à jour de ses vaccinations et en utilisant des vermifuges.

CONNAÎTRE LES LIEUX Pensez à visiter l'espace vert tout seul la première fois, pour vous familiariser avec les lieux et repérer les chiens qui s'y trouvent. Avant d'y conduire votre compagnon, observez les autres et la façon dont ils interagissent. S'ils semblent trop brutaux pour votre chien, revenez une autre fois ou essayez un autre endroit.

COMMENCER DOUCEMENT Vos premières visites devront être courtes, pas plus de 15 minutes. Augmentez progressivement leur longueur à mesure que votre chien s'habitue à l'ambiance du lieu et se fait de nouveaux amis.

ÉVITER LES FOULES Les soirs de semaine, les week-ends et les jours fériés, les espaces verts sont bondés. Commencez par familiariser votre chien au lieu lorsqu'il n'y a pas beaucoup de monde.

SURVEILLER SON CHIEN Même si vous parlez à d'autres maîtres, ne quittez pas votre chien des yeux pour être sûr que tout se passe bien. Observez son langage corporel pour anticiper tout éventuel problème. Cela vous permettra aussi de nettoyer rapidement ses besoins, si nécessaire.

ENLEVER SA LAISSE Dans les espaces où il est autorisé aux chiens de se promener sans laisse, laissez le vôtre aller librement. Les rencontres entre des chiens en laisse d'une part, et sans laisse d'autre part peuvent être problématiques. Les animaux en laisse et leurs propriétaires présentent souvent un langage corporel menaçant pour les chiens sans laisse et risquent de les pousser à se montrer agressifs à leur tour, par réaction. Un chien en laisse n'a pas la liberté de choisir entre la fuite ou le combat et peut donc décider de se battre.

LAISSER LES ENFANTS À LA MAISON N'emmenez pas vos enfants avec vous car vous ne pourrez les surveiller tous. De nombreux chiens n'ont pas l'habitude des enfants. Les chiens et les jeunes enfants s'effraient et s'excitent très vite mutuellement, mais réagissent différemment, ce qui peut créer une atmosphère dangereuse. Il y a trop de risques pour les enfants dans ces lieux.

LAISSER LE CHIOT À LA MAISON Les chiots de moins de quatre mois ne sont pas encore immunisés et risquent d'attraper des maladies. Ils peuvent aussi d'être traumatisés par le comportement agressif d'un congénère.

NI JOUET NI NOURRITURE Ces espaces abondent en balles et jouets apportés par d'autres. Récompenser votre chien par des friandises ou un jouet devant ses congénères risque de susciter jalousies et agressions.

SAVOIR QUAND IL FAUT PARTIR Il est temps de partir si votre chien est menacé ou malmené par d'autres chiens, s'il paraît effrayé, commence à se montrer agressif, présente des signes de surexcitation ou une attitude menaçante, ou encore s'il est essoufflé ou semble épuisé. Le bien-être de votre chien est votre priorité.

SOINS

“ Les chiens possèdent toutes les vertus de l’homme, sans ses vices. ”

LORD BYRON (1788-1824)

Les chiens sont comme de jeunes enfants qui ne peuvent communiquer que des sentiments basiques, tels que la faim, la douleur et le bonheur. Ce sera à vous de les comprendre et de faire en sorte qu’ils soient en bonne santé et en sécurité.

Les chiens ont des besoins basiques – de la nourriture, un abri, de l’eau fraîche et des compagnons –, mais ce sont aussi des créatures intelligentes et sociables aux personnalités complexes. Ils ne peuvent nous parler pour nous dire ce qu’ils ressentent. Ils ne se plaignent pas en cas de petite douleur et, souvent, nous ne découvrons la présence d’un problème que lorsqu’il est devenu sérieux.

Vous devez naturellement savoir ce qu’il faut donner à manger à votre chien et en quelle quantité, mais vous devez aussi veiller à le garder propre et à faire en sorte qu’il fasse suffisamment d’exercice. Il devra également toujours disposer d’assez de jouets pour se stimuler, ainsi que d’un couchage propre. Vous trouverez plein d’informations et de personnes compétentes pour vous donner des conseils et vous aider le cas échéant.

Vous avez la responsabilité de donner à votre chien une vie heureuse et confortable et, en retour, il sera un compagnon irremplaçable pour vous et votre famille. Pensez à votre chien comme à un membre d’une équipe dont vous êtes le chef, le parent, le formateur. Il y a des moments où il faut être ferme mais, la plupart du temps, tout ce qu’on attend de vous c’est de l’empathie et de la gentillesse. Faites de votre mieux afin de prendre les meilleures décisions possibles pour l’équipe et votre chien sera à vos côtés pour vous soutenir dans tous les moments de la vie.

172 PRÉPARER L'ARRIVÉE D'UN CHIOT

Il faut vous attendre à avoir beaucoup plus de travail avec un chiot qu'avec un animal adulte (qui obéit, est propre, a déjà sa taille définitive et un caractère connu). Plus que jamais, le fait de se préparer fera toute la différence entre un bon et un mauvais départ. Un chiot a besoin d'un environnement sûr, chaleureux, avec beaucoup d'interactions. Voici quelques conseils pour préparer votre maison à son arrivée.

UNE ZONE DE JEU SÛRE

Les chiots mâchonnent tout ce qui leur tombe sous la truffe. Vous établirez donc une zone de jeu sûre et fermée avec une caisse pour les moments où vous ne pourrez pas surveiller le petit animal. Les chiots ne sont pas propres et doivent donc être placés à des endroits où les petits accidents seront nettoyés sans problème.

LA MISE EN PLACE DE NOUVELLES RÈGLES

Si vous ne voulez pas que, une fois adulte, votre chiot se jette sur les gens, interdisez-lui de sauter. S'il pense agir avec votre permission, il sera beaucoup plus difficile de le faire changer. Demandez à tous de suivre les règles mises en place. Même si les sauts du chiot sont craquants, personne n'a envie qu'un chien adulte ait ce type de comportement.

BIEN SE PRÉPARER

Préparez-vous à faire face à beaucoup de pleurs, de gémissements et d'aboiements. Mais il y a des moyens d'aider votre animal à passer cette période sans mettre en place de mauvaises habitudes. L'erreur la plus commune consiste à accorder son attention à un chiot après qu'il a pleuré et aboyé pendant longtemps. Il en déduirait que c'est parce qu'il a fait beaucoup de bruit que vous êtes venu et que l'insistance est récompensée !

173 FAIRE VACCINER SON CHIOT

Le chiot recevra sa première injection de vaccins à partir de six à huit semaines. Les rappels auront lieu le mois suivant. Ses premiers vaccins le protègent de trois maladies principales potentiellement mortelles : la maladie de Carré, l'hépatite infectieuse canine et le parvovirus. Le parvovirus peut survivre dans le sol pendant un an et votre chiot risque de le contracter s'il marche dessus avant de se lécher les pattes. Aussi, dans un premier temps, ne le laissez pas arpenter les rues, les parcs, etc. Votre maison, votre cour ou jardin clos ainsi que ceux de vos amis (si leurs animaux sont en bonne santé et vaccinés) sont les seuls endroits sûrs pour lui tant qu'il n'a pas été vacciné.

174 INTERROGER SON VÉTÉRINAIRE

Prendre rendez-vous chez un vétérinaire pour faire un contrôle de santé est l'une des premières choses à faire lorsque vous adoptez un animal. Non seulement, vous vous assurerez ainsi de la bonne santé de votre chien, mais vous pourrez aussi évaluer les qualités de votre vétérinaire alors que votre animal va bien. Ainsi, lorsqu'il sera malade, vous aurez le réconfort et la certitude d'avoir affaire à une personne de confiance. Voici une liste de questions à poser à votre vétérinaire lors de la première visite.

QUE DOIS-JE SAVOIR SUR LA RACE DE MON CHIEN OU SON TYPE MORPHOLOGIQUE ?

Certains chiens présentent des problèmes de santé ou une fragilité spécifiques. Par exemple, les chiens ayant des poitrines profondes ont plus de risques d'avoir une dilatation gastrique qui peut mettre leur vie en danger. Pour ces chiens, votre vétérinaire vous recommandera des horaires de repas spécifiques et du repos après le repas ou un médicament préventif. Ou bien, si vous avez un petit lévrier d'Italie, on vous dira que la race a une propension à se briser les pattes, vous donnant alors des conseils préventifs.

DE QUELS VACCINS MON CHIEN A-T-IL BESOIN ET AVEC QUELLE FRÉQUENCE ?

Il existe une grande variété de vaccins pour les chiens, mais chaque vétérinaire fera une feuille de route en fonction de l'animal. Quant à la vaccination antirabique, elle est obligatoire pour voyager hors de France et peut se faire à partir de trois mois. Le vétérinaire vous dira quels vaccins sont indispensables pour votre animal et lesquels sont conseillés, en fonction de votre zone géographique ou de votre mode de vie, mais aussi ceux inutiles à votre animal. Enfin, il existe des tests capables de vérifier l'immunité de votre animal pour une maladie donnée et que votre vétérinaire prescrira s'il le juge nécessaire.

FAUT-IL PROTÉGER MON CHIEN DE LA DIROFILARIOSE ? QUELS AUTRES PARASITES Y A-T-IL DANS LA RÉGION ?

Il existe toutes sortes de parasites qui menacent votre chien, de certains vers intestinaux aux puces et tiques, et les traitements antiparasitaires sont indispensables. Le plus dangereux est à l'origine de la dirofilariose, une maladie où les parasites envahissent le cœur, provoquant la mort. Cette maladie, qui présente des pics en été, est surtout répandue dans le sud de la France et en Corse. Votre vétérinaire saura répondre à toutes vos questions en la matière et vous dira comment protéger au mieux votre compagnon canin.

OÙ PUIS-JE M'ADRESSER POUR LES URGENCES ?

C'est une question très importante. Si votre animal se blesse ou tombe soudain malade en dehors des heures d'ouverture du cabinet, vous devrez savoir comment agir. Il existe des vétérinaires de garde et des cliniques qui sont ouvertes sept jours sur sept. Pensez aussi aux écoles vétérinaires.

QUELS SERVICES ME RECOMMANDEZ-VOUS DANS LA RÉGION ?

Votre vétérinaire pourra vous fournir toutes sortes d'informations sur les services disponibles localement. N'hésitez donc pas à lui demander conseil, qu'il s'agisse de cours de dressage, de dresseurs privés, d'espaces verts où les chiens peuvent courir librement, etc.

175 AVOIR UNE CAGNOTTE POUR LES FRAIS VÉTÉRINAIRES

Tout comme les humains, les animaux de compagnie tombent malade et se blessent. Il faut parfois les faire opérer, ce qui peut être cher. Personne ne souhaite se retrouver dans la situation où son animal ne peut être opéré par manque de fonds. Outre le budget qui correspond à ses besoins quotidiens, mettez donc de l'argent de côté pour vous constituer une cagnotte à utiliser en cas de notes de vétérinaire imprévues. Vous pouvez aussi utiliser cet argent pour contracter une assurance pour votre animal.

176 CONTRACTER UNE ASSURANCE POUR SON ANIMAL

De nombreuses compagnies d'assurances généralistes ou spécialisées proposent désormais des assurances santé pour les animaux de compagnie, couvrant les maladies et les accidents.

VISITE CHEZ LE VÉTÉRINAIRE C'est la première chose à faire, car on vous demandera les résultats d'examens récents afin de vérifier l'absence de pathologies préexistantes.

CHOISIR L'ASSURANCE Selon son type, l'assurance couvrira la totalité ou une partie des frais médicaux de votre animal. Sachez que 5 % des Français ont souscrit une assurance pour leurs animaux contre 80 % des Suédois !

CHERCHEZ LES RABAIS Si vous avez plusieurs animaux, cherchez une assurance groupée moins chère.

177 FAITES-VOUS AIDER POUR LES FRAIS VÉTÉRINAIRES

Les vétérinaires sont régulièrement confrontés à des propriétaires qui, face à un état d'urgence médical, optent à contrecœur pour l'euthanasie car ils n'ont pas les moyens de régler les frais d'une intervention et que leur animal souffre trop pour continuer à vivre dans son état. On voudrait ne jamais se trouver dans une telle situation, mais il arrive, pour toutes sortes de raisons, que l'argent vienne à manquer. Peut-être n'avez vous pas souscrit à une assurance pour votre animal ou bien s'agit-il d'un animal déjà malade ou que vous venez d'adopter et dont vous ignorez tout. Quoiqu'il en soit, si vous manquez de fonds, il va falloir trouver une solution. Voici quelques conseils pour faire baisser les frais vétérinaires ou vous aider à les régler.

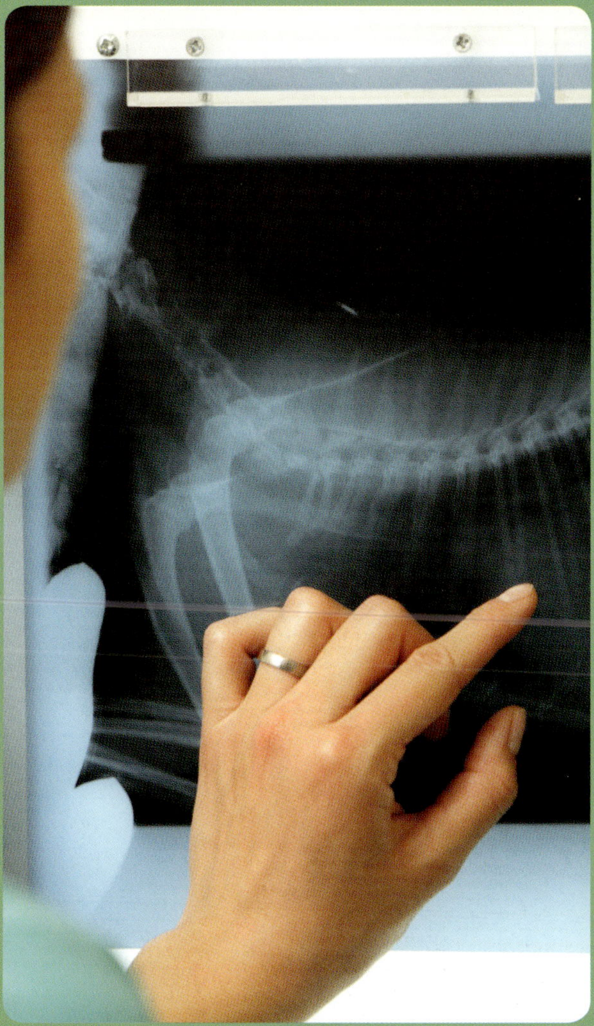

EN PARLER AVEC LE VÉTÉRINAIRE
Les cliniques vétérinaires sont des commerces et à ce titre elles ont besoin d'argent pour vivre. On peut avoir l'impression qu'elles gagnent des fortunes, mais elles ont aussi d'énormes charges (personnel, location, matériel, assurance, etc.). Cela dit, elles proposent parfois des réductions ou un paiement échelonné dans le temps si vous pouvez donner la preuve de vos faibles revenus. Il peut y avoir aussi des vétérinaires stagiaires ou débutants qui accepteront de réaliser des procédures médicales à un coût très inférieur à la moyenne, surtout si l'euthanasie est la seule autre possibilité.

AVOIR UN SECOND AVIS Il suffit parfois d'aller consulter un autre vétérinaire qui vous proposera un traitement moins coûteux à mettre en place dans un premier temps : des médicaments au lieu d'une chirurgie, par exemple. Ce traitement pourra durer plus longtemps et n'être pas aussi efficace, mais il permettra cependant à votre animal de vivre heureux et confortablement. Le second avis peut aussi venir confirmer le premier, mais cela vaut la peine d'essayer.

UNE OPTION MOINS COÛTEUSE
Appelez d'autres cliniques pour connaître leurs tarifs pour le traitement prescrit à votre animal. Précisez que vous avez un budget limité et voyez si une solution peut être trouvée. Vous pouvez aussi vous adresser à une école vétérinaire susceptible de proposer des soins à moindre coût.

LEVER DES FONDS Si les soins ne sont pas urgents, vous pouvez lever des fonds pour rassembler la somme nécessaire. Organisez un vide-grenier, proposez vos services en échange d'une participation financière. Vous pouvez aussi organiser une collecte de fonds sur Internet et faire appel à vos amis sur Facebook, Twitter, à vos contacts de messagerie. C'est ainsi que les associations qui sauvent les animaux procèdent parfois pour payer les frais vétérinaires. Vous pouvez aussi ravaler votre fierté et demander de l'aide à vos proches, votre animal en vaut la peine, n'est-ce pas ?

178 METTRE EN PLACE UNE ROUTINE

Un chiot sera rassuré de pratiquer ses activités selon un horaire précis et constant, qu'il s'agisse de manger, de jouer ou de se promener. Se retrouver seul le lundi alors qu'il a passé son premier week-end avec vous peut provoquer chez lui beaucoup d'inquiétude.
Si vous le ramenez chez vous un week-end, habituez-le à se retrouver seul. Placez-le dans une zone sûre et sortez de la pièce une ou deux minutes, puis revenez. Recommencez plus tard en quittant la pièce ou la maison cinq à dix minutes. Augmentez la durée jusqu'à ce que vous puissiez vous absenter une heure ou plus. Programmez les repas de votre chiot de sorte qu'il prenne le dernier entre 17 et 18 heures (si vous vous couchez à 23 heures), de façon à ce qu'il boive peu ensuite.
Essayez de vous coucher et de vous lever à la même heure pour qu'il apprenne à tenir toute la nuit.
Les choses ne devront pas toujours être aussi strictes, mais les efforts fournis pour habituer votre chiot feront de lui un adulte heureux.

179 SÉCURISER SA MAISON

Avant de ramener le chien à la maison, faites le tour des pièces pour vous assurer qu'elles ne présentent pas de danger pour lui. Que le chien soit jeune ou âgé, vous devez avoir des portes et des fenêtres qui ferment bien afin qu'il ne puisse prendre la poudre d'escampette.

CACHER LES PRODUITS DANGEREUX

Toute maison abrite de nombreux produits dangereux qui pourraient être fatals si votre chien les avalait. Certains produits tombent sous le sens, mais d'autres pourront vous surprendre (voir la liste ci-dessous). Si vous possédez ces produits, débarrassez-vous-en ou enfermez-les dans un endroit sûr auquel votre chien ne pourra jamais accéder.

BIEN GÉRER LA NOURRITURE

Votre chien devra toujours avoir un bol d'eau fraîche à sa disposition. Ses croquettes seront rangées dans un endroit inaccessible pour lui, écartant ainsi le risque d'orgie alimentaire aux conséquences potentiellement graves. Si vous avez des chats que vous nourrissez aussi dans des gamelles, vous devrez les faire manger en interdisant momentanément l'accès de la cuisine au chien ou en plaçant leurs gamelles hors d'atteinte.

CONNAÎTRE LES PRODUITS TOXIQUES PRÉSENTS CHEZ SOI

PESTICIDES ET POISONS

Les produits destinés à tuer les insectes et les rats peuvent attirer les chiens, avec des conséquences fatales.

PRODUITS DE NETTOYAGE

Les produits d'entretiens, mais aussi les savons, shampooings et après-shampooings peuvent avoir des odeurs alléchantes pour votre chien, mais leur ingestion pourrait le rendre malade.

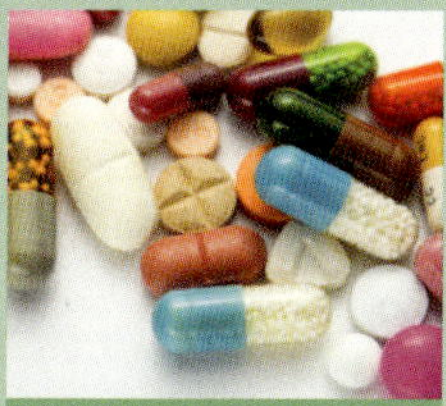

NOS MÉDICAMENTS

Nombre de médicaments prescrits pour vous pourraient provoquer la mort de votre animal. Conservez-les hors d'atteinte, comme vous le feriez pour un enfant.

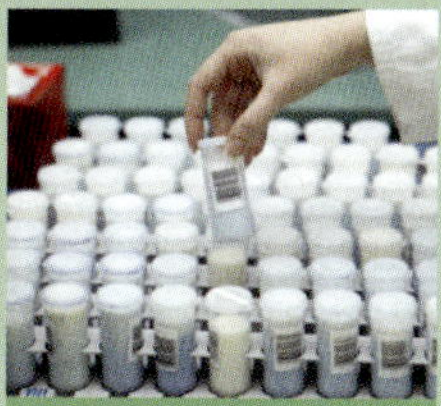

SES MÉDICAMENTS

Si des médicaments ont été prescrits à votre chien, rangez-les soigneusement après usage. Ils peuvent avoir des parfums agréables afin qu'il accepte plus facilement de les prendre.

NOS ALIMENTS

Certains aliments sont dangereux pour votre animal. Ainsi, chocolat, oignon, ail, raisins, avocat, noix de macadamia, graines, noyaux et chewing-gum ne doivent jamais être consommés par votre chien.

180 AMÉNAGER UN ESPACE EXTÉRIEUR SÛR

Si votre chien est amené à passer du temps dans une cour ou un jardin, qu'il soit surveillé ou non, il est important de faire en sorte que cet espace soit sûr et distrayant. Quelle que soit la taille de cet espace, votre animal aura toujours besoin de passer beaucoup de temps à interagir avec vous et ses congénères. Voici les trois règles pour l'aménagement d'un espace extérieur parfait.

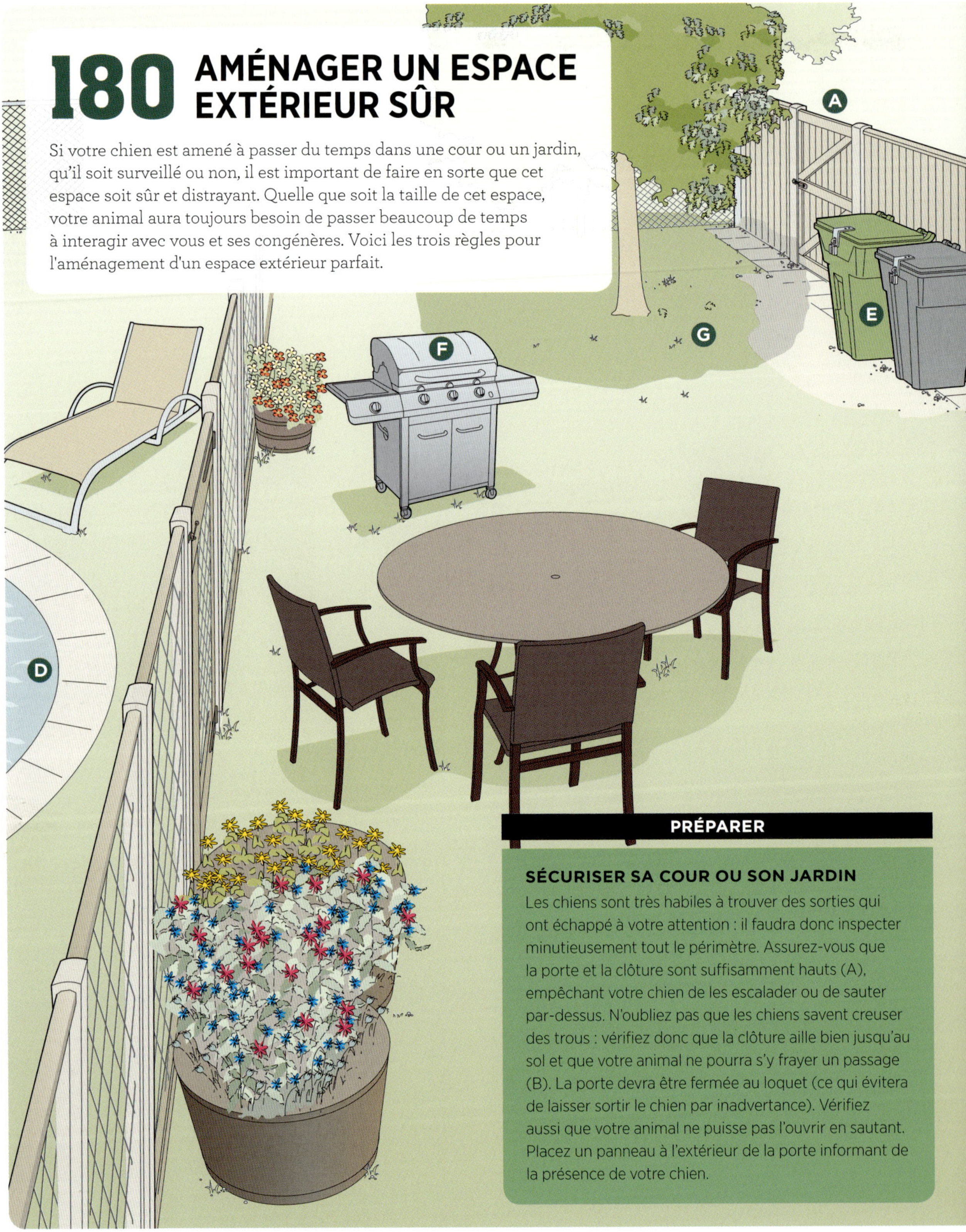

PRÉPARER

SÉCURISER SA COUR OU SON JARDIN

Les chiens sont très habiles à trouver des sorties qui ont échappé à votre attention : il faudra donc inspecter minutieusement tout le périmètre. Assurez-vous que la porte et la clôture sont suffisamment hauts (A), empêchant votre chien de les escalader ou de sauter par-dessus. N'oubliez pas que les chiens savent creuser des trous : vérifiez donc que la clôture aille bien jusqu'au sol et que votre animal ne pourra s'y frayer un passage (B). La porte devra être fermée au loquet (ce qui évitera de laisser sortir le chien par inadvertance). Vérifiez aussi que votre animal ne puisse pas l'ouvrir en sautant. Placez un panneau à l'extérieur de la porte informant de la présence de votre chien.

SÉCURISER

ÉLIMINER LES DANGERS POTENTIELS

Paillis, herbicides et autres produits chimiques doivent être mis sous clé (C). Les fertilisants, souvent composés de fumier, sont particulièrement attirants pour les chiens. Les objets pointus (outils, etc.) risquent de les blesser. Les points d'eau (mares, piscines) doivent être fermés et couverts (D). Les poubelles seront entreposées dans un local fermé à clé (E), de façon à ce que votre chien ne risque pas d'avaler des aliments dangereux pour sa santé. Ne laissez jamais un barbecue sans surveillance lorsque vous vous en servez (F). N'oubliez pas que certaines plantes peuvent provoquer des problèmes digestifs à votre animal, à l'instar des lauriers-roses, cyclamens, amaryllis et chrysanthèmes.

PROTÉGER

ABRITER DU SOLEIL

Arbres et arbustes offrent une ombre bienvenue (G). La niche, qui peut devenir suffocante en été, ne devra pas être la seule protection de votre chien contre le soleil. Si vous vivez sous un climat froid, votre animal devra avoir un endroit protégé de la glace ou de la neige. Assurez-vous qu'il puisse toujours accéder à de l'eau fraîche qui ne proviendra pas d'une mare ou de la piscine – ces eaux, qui ne sont pas fraîches, sont susceptibles de contenir des produits chimiques dangereux pour lui. Un bol rempli d'eau fraîche potable sera toujours disponible (H). Il serait bien qu'un espace puisse être utilisé par votre chien pour laisser libre cours à ses envies de creuser (I), s'il aime ça. Enfin, faites chaque jour le tour de son espace afin d'y retirer d'éventuelles crottes. Les chiens n'aiment pas vivre au milieu de leurs déjections.

181 L'EAU ET SES DANGERS

L'eau exerce sur certains chiens une attraction irrésistible. Cependant, même s'il est un excellent nageur, un chien peut se noyer s'il tombe dans une piscine et panique en ne trouvant pas la sortie. Si vous avez une piscine, il faudra la doter d'une porte et d'une clôture afin d'empêcher votre animal d'y pénétrer. Si ce n'est pas possible, vous devez faire le test pour savoir s'il sait nager et le guider pour que, s'il tombe accidentellement dedans, il sache en sortir. Vous devez recommencer cet apprentissage jusqu'à ce que vous ayez la certitude que votre chien ne court aucun danger. De la même façon, les mares seront fermées, couvertes ou dotées d'une sortie bien visible. Dans la mesure du possible, ne laissez pas votre chien sans surveillance dans un espace doté d'une piscine ou d'une mare.

182 CONSTRUIRE UNE NICHE

Si vous avez un espace extérieur et que votre chien y passe du temps, il serait bon d'y installer une niche qui sera sa deuxième maison. Gardez à l'esprit que, si la température monte trop dans la niche, votre chien souffrira de la chaleur et qu'il faudra donc avoir installé aussi un espace ombragé à l'extérieur.

QUE FAIRE POUR QUE SA NICHE SOIT SA DEUXIÈME MAISON ?

1. Construisez la niche dans un matériau qui ne risquera pas de se détériorer avec le temps (plastique, cèdre rouge). N'utilisez ni métal (qui chauffe trop au soleil) ni bois traité sous pression (pouvant contenir de l'arsenic). Utilisez des vis, clous et tasseaux antirouille.

2. La niche devra être élevée sur de petits pilotis afin de rester sèche en cas de fortes pluies. Elle doit être assez grande pour que votre chien puisse tourner dedans avec une entrée ouverte et non une porte qui s'ouvre et se ferme, à l'instar d'une trappe.

3. Si possible, placez la niche près de la porte de votre maison, de telle façon que le chien puisse, depuis sa niche, voir la porte d'entrée et tout l'espace extérieur. Aménagez la niche avec un matelas moelleux ainsi qu'un ou deux jouets.

183 BIEN NOURRIR SON CHIEN

Les chiens ont besoin d'une grande variété de nutriments pour rester heureux et en bonne santé avec un corps musclé, des dents saines et des os solides. Le toilettage méticuleux de votre chien ne servira à rien si celui-ci ne consomme pas les nutriments qui lui permettront de garder une peau saine et un pelage brillant. La viande, qui fournit l'essentiel des protéines, ne devra jamais constituer plus de 50 % de l'alimentation de votre chien, laquelle sera aussi riche en glucides apportées sous forme de croquettes, de céréales ou de riz, mais aussi en graisses, une source d'énergie concentrée. La meilleure façon de s'assurer que votre chien a une alimentation adaptée est d'acheter des aliments spécialement créés pour chaque âge de sa vie. Vérifiez avec votre vétérinaire si votre animal a tous les apports nutritifs nécessaires en fonction de sa taille, de son âge et de son niveau d'énergie.

PROTÉINES, GRAISSES ET GLUCIDES
Les protéines, composant de base des cellules, sont essentielles pour la croissance, les tissus et le métabolisme de base. Les graisses fournissent de l'énergie et contribuent à la bonne santé de la peau et du pelage de votre chien. Les glucides donnent aussi de l'énergie et, comme sources de fibres, participent au bon fonctionnement des intestins.

VITAMINES ET MINÉRAUX Une alimentation équilibrée devrait permettre à votre chien d'absorber tous les minéraux et vitamines nécessaires même si, à certains moments, il pourra avoir besoin de suppléments, en vieillissant ou en période de convalescence. Cependant, on diagnostique de nos jours chez les chiens plus de problèmes dus à une surdose qu'à un manque de vitamines.

184 DE L'EAU ACCESSIBLE

L'eau est, pour un chien, le plus important nutriment puisqu'elle constitue près de 70 % de son poids. Les chiens perdent de l'eau par l'urine, les selles et les halètements. Votre animal a besoin d'une eau propre et fraîche toujours accessible pour l'aider à refaire le plein des liquides perdus dans la journée. Même si les aliments en boîte sont composés aux trois-quarts de liquide (même les croquettes présentent 10 % d'humidité), cela ne suffit pas. Votre chien est dépendant de l'eau et une déshydratation risquerait de causer des dommages irréversibles (une perte de 15 % peut être mortelle).

QUESTION AU VÉTÉRINAIRE

MON CHIEN A DE LA DIARRHÉE, QUE DOIS-JE FAIRE ?

Il peut arriver que les selles de votre chien soient molles ou liquides. Tout comme nous, les chiens sont parfois malades. Durant une promenade, il aura peut-être mangé quelque chose à votre insu. Les aliments pourris ou trop riches en protéines (comme la viande seule ou la nourriture pour chats) peuvent provoquer des diarrhées chez le chien. Si elle n'est pas traitée, la diarrhée peut devenir très sérieuse, voire mortelle. Elle peut aussi être le signe d'un trouble plus préoccupant et entraîner une grave déshydratation.
Si la diarrhée persiste plus d'une journée, appelez le vétérinaire. Même s'il ne s'agit pas d'une maladie plus grave, il vaut mieux que le vétérinaire vous donne un médicament pour résoudre le problème.

185 L'ALIMENTATION EN DIX COMMANDEMENTS

1. Le bol de votre chien doit toujours être rempli d'eau et accessible.
2. Donnez à votre chien des repas équilibrés de qualité.
3. Les quantités correspondront aux indications données par le vétérinaire.
4. Ne lui donnez jamais une nourriture avariée ou périmée.
5. Ne lui donnez jamais de nourriture pour chats, trop riche en protéines.
6. Surveillez le poids de votre chien et évitez les grignotages.
7. Ne lui donnez pas d'os cuit, surtout des os de poulet ou de lapin qui peuvent se briser et risquent d'étouffer votre animal.
8. Servez toujours la nourriture à température ambiante. S'il s'agit de surgelés, assurez-vous de la décongélation effective avant de les présenter à votre chien. Si l'aliment est servi chaud, vérifiez qu'il a suffisamment refroidi.
9. Jetez tout ce que votre chien n'aura pas mangé.
10. Contactez le vétérinaire si votre chien prend ou perd brutalement du poids ou bien s'il refuse de manger pendant plus de 24 heures.

186 DONNER DES GAMELLES SÉPARÉES

Même si des chiens vivant ensemble seraient ravis de prendre leurs repas dans la même gamelle, il ne s'agit pas d'une bonne idée. Donnez les repas de vos chiens dans des gamelles séparées afin d'avoir l'assurance que chacun aura eu la ration nécessaire et de réduire les risques de disputes.

187 BIEN CHOISIR LES ALIMENTS PRÉPARÉS

Choisir dans la vaste gamme de repas préparés par des spécialistes de l'alimentation canine est le meilleur moyen d'avoir l'assurance d'un régime à équilibré et adapté votre chien.

Ces plats fournissent tous les nutriments nécessaires à votre animal, une facilité que bien des humains aimeraient retrouver pour les autres membres de la famille !

NOURRITURE HUMIDE

La nourriture humide correspond à la pâtée en boîte. Certains chiens préfèrent ce type de nourriture qui risque pourtant d'attirer les mouches en été et de se voir donc délaissée. Si votre chien est petit, vous ne lui donnerez qu'une partie de la boîte (le reste sera conservé avec soin). Les boîtes tendent à contenir moins de glucides que la nourriture sèche, ce qui peut être un facteur de surpoids. Elles sont aussi plus lourdes à transporter et doivent être ensuite recyclées.

NOURRITURE SÈCHE

Il s'agit des croquettes, très pratiques car elles ne sentent pas fort, sont plus légères à transporter que les boîtes et plus faciles à stocker. Il est également plus facile de nettoyer le sol quand on les renverse. Néanmoins, chaque gramme de croquette peut être jusqu'à cinq fois plus calorique qu'un gramme de nourriture en boîte : il conviendra donc de servir des portions réduites. Et pensez à les ranger dans un endroit qui soit inaccessible à votre animal.

NOURRITURE SEMI-HUMIDE

Certains maîtres l'apprécient car elle est aussi pratique que les croquettes mais plus appétissante. Elle est aussi plus calorique que la pâtée : il faut donc adapter les quantités. En réalité, peu importe le type de nourriture que vous donnez à votre chien, du moment que ses plats sont de qualité et lui plaisent. Et, si pour une raison ou une autre, vous souhaitez en changer, faites-le progressivement afin d'éviter les problèmes digestifs.

188 COMPTER LES CALORIES

Les chiens sauvages prennent leur nourriture où ils la trouvent et vivent parfois plusieurs jours sans manger. C'est pourquoi, lorsqu'ils en trouvent, ils en dévorent un maximum de façon à ce que leur estomac soit si plein que cela ralentisse le processus digestif. Si certains chiens domestiques sont difficiles, beaucoup ont conservé cet instinct, qui peut aboutir à l'obésité.

Faites attention aux quantités de nourriture que votre animal consomme et vérifiez que leur apport calorique corresponde à sa taille et à ses besoins énergétiques. Le tableau ci-dessous donne des chiffres approximatifs. Assurez-vous de donner les quantités préconisées sur la boîte, le paquet ou par votre vétérinaire.

GUIDE DE L'ALIMENTATION AU QUOTIDIEN

	MINIATURE	PETIT	MOYEN	GRAND	GÉANT
POIDS	4,5 kg	9 kg	18 kg	32 kg	68 kg
CALORIES NÉCESSAIRES	200	600	900	1 700	2 500
NOURRITURE SÈCHE NÉCESSAIRE	60 g	170 g	280 g	480 g	700 g

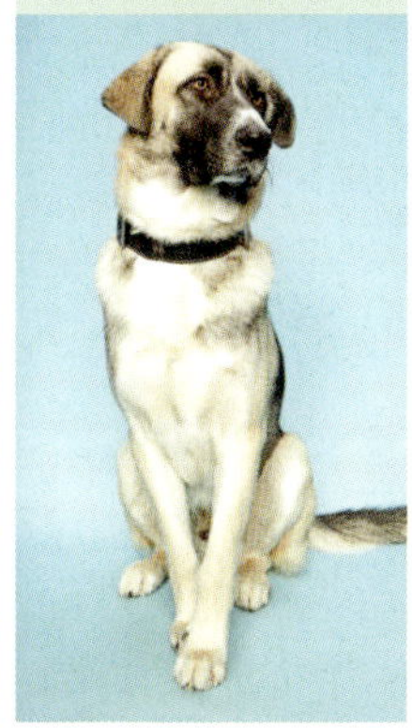

QUESTION AU VÉTÉRINAIRE

LES CHIENS MANGENT DE LA VIANDE, N'EST-CE PAS ?

La plupart des chiens aiment la viande mais, en vivant parmi les hommes, ils ont évolué vers un régime omnivore. Cela signifie qu'ils digèrent les légumes et, de fait, la plupart des repas préparés actuellement proposés sur le marché allient viande et légumes. Les chiens peuvent tout à fait vivre d'un régime végétarien soigneusement équilibré, mais encore peu de marques proposent des repas de ce type. Rappelez-vous que votre chien a besoin d'une alimentation équilibrée et que le nourrir exclusivement de viande (c'est-à-dire du muscle et toutes les parties de la proie qu'un loup consommerait à l'état sauvage) ne lui apportera pas tous les nutriments qui lui sont nécessaires.

189 COMPRENDRE L'IMPORTANCE DU JEU

Les chiens sont des animaux très intelligents qui s'épanouissent grâce aux interactions sociales. Ils ne peuvent être heureux sans exercice physique et stimulation mentale. Pour la plupart des chiens domestiques, qui n'ont plus besoin de s'aventurer hors des cuisines pour avoir leurs repas, la stimulation mentale se retrouve dans le jeu avec les humains et leurs congénères. Si votre chien vit à la maison avec un autre animal qui ne l'ignore pas, vous remarquerez les deux amis passer du temps à s'amuser ensemble, ce qui vous épargnera beaucoup d'efforts, et cela même s'il reste important de sortir vos chiens et de leur permettre de faire des rencontres. Si vous n'avez qu'un chien, il est encore plus important de jouer avec lui et de lui donner des jouets qui le stimuleront physiquement et mentalement. En outre, il est très plaisant de jouer avec son chien, cela vous permet de faire un peu de sport et peut profiter à toute la famille. C'est aussi une magnifique occasion de renforcer vos liens. En jouant avec votre chien, vous consolidez également votre rôle de chef de meute car c'est vous qui initiez le jeu, proposant les jouets, les lançant ou encore tirant dessus, selon leur type.

JEUX DE TRACTION

La plupart des chiens aiment les jeux de traction, quel que soit l'objet à tirer. Ces jeux, qui stimulent l'instinct de chasse, ne conviennent pas aux chiens dominants ou agressifs, sauf avec un dresseur expérimenté. Les chiens doivent avoir été dressés à relâcher les objets sur commande.

LES LANCERS
Les lancers de balle ou de Frisbee permettent à votre chien de se dépenser au maximum avec un minimum d'efforts de votre part. L'instinct de chasse de l'animal est stimulé. C'est encore plus amusant s'ils sont plusieurs à s'élancer, tant que cela ne vire pas au pugilat !

LES POURSUITES
Lorsque des chiens se retrouvent ensemble, aucun jouet n'est nécessaire car ils aiment s'amuser à des jeux de poursuite, aussi longtemps que vous les laissez faire. C'est pour cela que les bois et forêts où les chiens peuvent courir sans laisse sont si formidables !

LES BAGARRES
Tout comme les enfants, les chiens aiment jouer à la bagarre. Les animaux bien socialisés le feront sans se montrer compétitifs ou agressifs à l'excès, mais c'est à vous de faire en sorte que tout cela reste un jeu.

MÂCHER POUR S'AMUSER
Même seul à la maison, votre chien peut s'amuser pendant des heures en mâchouillant des jouets spéciaux. Une friandise peut être cachée dans certains d'entre eux, de sorte que votre chien y verra un défi à relever et une récompense méritée en cas de succès.

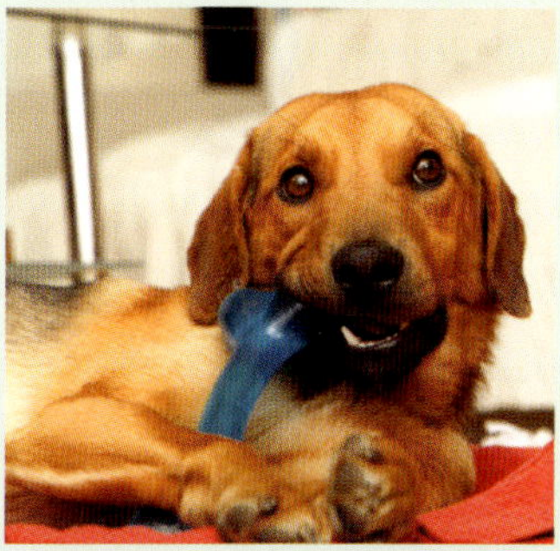

190 REMPLIR LE COFFRE À JOUETS

Qu'il s'agisse de chiens d'utilité, de chiens de berger ou de chiens de chasse, certains vous diront que tous les chiens aiment les jouets ! La majorité d'entre eux aime chasser, mâcher ou attraper, et il existe des jouets qui conviennent à tous les chiens. Voici quelques suggestions parmi une liste apparemment inépuisable de possibilités. Quel que soit le jouet, sélectionnez le type et la taille qui conviendront à votre animal.

DES BALLES POUR TOUT LE MONDE Pour certains chiens, une balle de tennis suffira, mais elle risque d'être rapidement détruite par des dents impatientes, d'être avalée de travers ou ingérée, causant de sérieux problèmes intestinaux. Des balles lourdes, pratiquement indestructibles, sont disponibles en tailles variées et certaines couinent ou tintent – faites bien attention cependant à l'endroit où vous les lancez !

DES JOUETS À TIRER
Les jouets dédiés et les cordes épaisses sont parfaits pour les jeux de traction qui opposent les chiens à leur maître ou des chiens entre eux. Mais attention à ne pas laisser la partie dégénérer. Bien géré, c'est le jeu de prédilection de nombreux chiens.

LE FRISBEE Il existe une grande variété de Frisbee conçus spécialement pour les chiens et faits dans des plastiques spéciaux très résistants aux crocs incisifs, tout en étant tendres pour la gueule du chien. Si vous avez l'intention de jouer au bord de la mer, vérifiez la flottabilité de votre modèle.

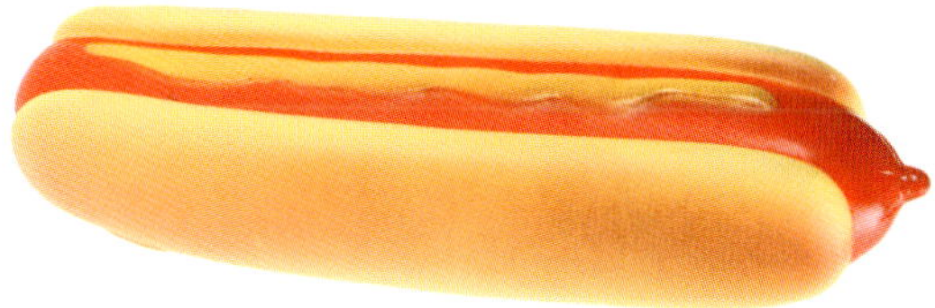

DES JOUETS À MÂCHER Les jouets qui se mâchent sont un must pour presque tous les chiens. Une bonne balle peut aussi faire l'affaire. Les jouets à mâcher existent dans toutes sortes de matériaux et sont spécifiquement conçus pour occuper les chiens, même lorsqu'ils se retrouvent seuls à la maison.

DES LANCE-BALLES De nos jours, même le plus faible des hommes peut lancer très loin une balle grâce à un lance-balle. Disponible dans les magasins spécialisés et sur Internet, cet objet vous permet de ramasser la balle sans la toucher, puis de l'envoyer à l'autre bout d'un champ. Vous pouvez choisir une balle ou un jouet Kong attachés à une corde qui peuvent être envoyés à des distances considérables (mais pas forcément dans la direction désirée !).

191
ESSAYER LES ULTRASONS

Il y a des jouets à mâcher qui couinent et d'autres qui sont totalement silencieux. Mais, mieux encore, il existe des jouets qui couinent à une fréquence supérieure à 20 kHz, inaudible pour les oreilles humaines, mais pas pour celles de votre chien. Cela rend le jouet fascinant pour votre animal et merveilleusement reposant pour vous !

192
LES AVANTAGES DES LANCE-BALLES

Oubliez la raquette de tennis. Avec les lance-balles, vous n'avez plus besoin de vous baisser ou de prendre en main une balle détrempée, et vous pouvez l'envoyer vraiment très loin. Ainsi, vous aurez plus de plaisir et votre chien se dépensera davantage. Ces dispositifs sont disponibles avec un manche plus ou moins long. Si vous lancez dans une lumière crépusculaire, certaines balles brillent et sont donc visibles dans l'obscurité, mais ce n'est sans doute pas une bonne idée de lancer une balle dans la nuit noire à moins d'avoir la certitude qu'il n'y a personne dans les parages !

193 LAISSER SON CHIEN SAUTER

Certains chiens aiment courir, d'autres nager et d'autres encore sauter. Les Jack Russel et les collies sont particulièrement doués en la matière, mais une telle passion peut naître chez presque tous les chiens. Si votre chien est un sauteur né, le Frisbee est assurément le jeu qu'il lui faut, un jeu que vous réserverez à la plage ou à la forêt. Et si le cœur vous en dit et que votre chien y excelle, participez donc à des compétitions car le Frisbee est aussi un sport canin, très répandu aux États-Unis depuis les années 1970, qui se développe, plus lentement, en France. On distingue trois épreuves, la distance courte, la distance longue et le free-style, qui font le bonheur des chiens, de leurs maîtres et des spectateurs.

194 ÉVITER LES JOUETS DANGEREUX

Si votre chien aime jouer à rapporter des objets, vous aurez peut-être envie de lui lancer un bâton, mais il risquerait de se blesser si ce dernier se fendait (coupures dans la gueule). Si votre chien est très rapide ou que vous n'arrivez pas à lancer très loin, vous risquez de le frapper avec l'objet que vous lui aurez lancé. Chaque année, des chiens sont blessés ainsi, parfois en s'empalant sur l'objet qui retombe d'une manière inattendue. D'autres jouets, qui n'en sont pas, comme les cordes et les pierres que votre chien dépose à vos pieds, peuvent s'avérer tout aussi dangereux. Même les jouets canins trop petits ou mal faits sont un danger pour votre animal. Faites en sorte que le temps du jeu ne devienne pas celui de l'horreur et, en cas de doute, demandez conseil à des professionnels.

195 SAVOIR S'ARRÊTER À TEMPS

Les besoins en exercice diffèrent d'un chien à l'autre. Le temps du jeu doit être limité pour les chiots, afin qu'il leur reste de l'énergie pour leur croissance et qu'ils évitent de se briser ou de rompre des os et muscles délicats. Certains chiens ont une énergie inépuisable et ont besoin d'énormément d'exercice pour se sentir bien. D'autres se contentent de peu et s'épuisent si on les fait jouer trop longtemps. Bien sûr, plus un chien vieillit et moins il a besoin d'exercice : de courtes promenades une ou deux fois par jour peuvent suffire. En cas de doute, demandez l'avis de votre vétérinaire pour connaître la durée quotidienne d'exercice nécessaire à votre chien et le moment où il faudra s'arrêter. N'oubliez pas que des chiens vieillissants continueront à jouer, même si leurs articulations les font souffrir, et en subiront les conséquences une fois de retour à la maison.

196 SAVOIR SOULEVER SON CHIEN

Il est important de savoir soulever son chien pour que ni l'animal ni vous-même ne risquiez de vous blesser. Pratiquez régulièrement pour habituer votre chien à être soulevé avant d'avoir vraiment besoin de le faire (bain, vétérinaire, etc.). Ne jamais soulever son chien par la queue ou les oreilles. Reposez votre chien en douceur en ne le relâchant que lorsqu'il tient bien sur ses pattes.

ÉTAPE N° 1 Placez-vous debout à côté de votre chien avant de le soulever. Parlez-lui gentiment afin de le rassurer.

ÉTAPE N° 2 Penchez-vous (en pliant les genoux), placez une main sur la poitrine du chien et faites passer l'autre sur son dos et autour de son ventre (A).

ÉTAPE N° 3 Soulevez lentement votre chien pour ne pas risquer de le lâcher. Utilisez vos jambes pour le soulever afin d'éviter toute blessure si votre chien est lourd (B).

197 LE BAIN : CE QU'IL FAUT FAIRE ET CE QU'IL NE FAUT PAS FAIRE

CE QU'IL FAUT FAIRE

- Habituez peu à peu votre chien.
- Ayez tout le nécessaire à portée de main.
- Fermez la porte de la salle de bains.
- Demandez au vétérinaire avec quelle fréquence baigner votre chien.
- Suivez les instructions données sur le flacon de shampooing.
- Félicitez et récompensez votre chien pendant et juste après le bain.

CE QU'IL NE FAUT PAS FAIRE

- N'appelez pas votre chien, mais allez le chercher ou portez-le jusqu'à la baignoire.
- N'enlevez pas son collier pendant le bain.
- Ne laissez pas la porte de la salle de bains ouverte.
- Ne lui mettez pas de shampooing dans les yeux.
- N'utilisez pas une eau trop chaude.
- N'utilisez pas votre savon qui risquerait d'irriter sa peau.

198 PRÉPARER SON CHIEN POUR LE BAIN

Même les chiens qui aiment l'eau (retrievers) pourront avoir peur du bain dans un premier temps et, pour ceux qui aiment se rouler dans la boue, c'est un véritable cauchemar.

Cependant, presque tous les chiens peuvent apprendre à tolérer le bain s'il s'accompagne de doses généreuses des trois « C » : calme, compliments et caresses.

Il sera particulièrement important de faire preuve de calme lorsque votre chien prendra son premier bain et n'attendez pas qu'il se soit roulé dans toutes les mares de boue du voisinage pour le faire. Dans ce cas-là, il vous faudrait réussir à tout prix et faire de cette première expérience un grand succès. Au lieu de cela, faites en sorte que le bain fasse partie de sa routine. Préparez votre chien en suivant les quatre étapes ci-dessous. Et même si vous pensez la préparation parfaite, lorsque le grand jour arrivera, commencez par faire un rapide tour de la maison afin de vous assurer que toutes les portes sont fermées car s'il y a un moment où votre chien risque d'avoir envie de se sauver, c'est bien lors de la découverte de l'eau savonneuse !

ÉTAPE N° 1 Commencez par présenter à votre chien l'endroit où il va prendre son bain. Si vous avez l'intention de faire ça dans le jardin avec le tuyau d'arrosage, il n'y aura guère de problème. En revanche, si vous avez l'intention de lui faire prendre un bain dans la baignoire, présentez-lui la salle de bains quelques temps avant le jour J. Donnez-lui le temps de l'explorer avec les robinets fermés. Laissez-le s'habituer au sol et aux étranges odeurs de savon.

ÉTAPE N° 2 Durant la visite suivante (ou après plusieurs visites si votre animal a besoin de temps), soulevez-le et placez-le dans la baignoire sur un tapis antidérapant. Félicitez-le de tolérer un environnement si étrange, caressez-le, grattez-le derrière les oreilles et donnez-lui une friandise. Si vous avez l'intention de boucher ses oreilles avec du coton pendant le bain, ce sera le moment idéal pour vous entraîner.

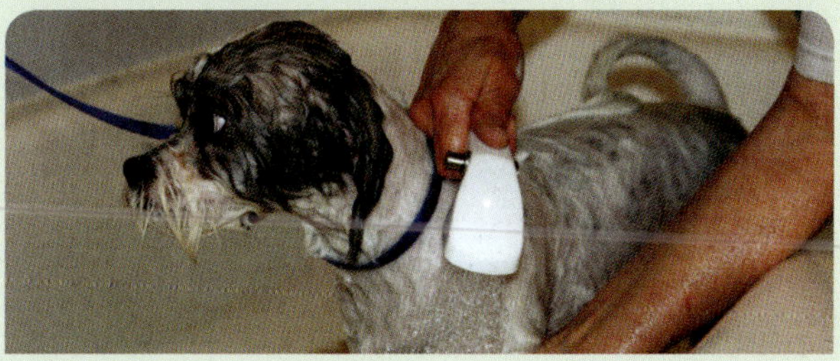

ÉTAPE N° 3 Recommencez pendant quelques jours avant de replacer votre animal dans la baignoire mais, cette fois-ci, en ouvrant le robinet d'eau. Fermez la porte de la salle de bain pour qu'il n'ait pas envie de fuir, caressez-le et félicitez-le s'il reste calme ou, du moins, en place ! Donnez-lui une friandise et faites-lui quitter la pièce. S'il est resté calme, vous pourrez alors faire un essai avec la douche, sans l'asperger bien sûr.

ÉTAPE N° 4 Le grand jour est arrivé ! N'enlevez pas son collier car vous devrez pouvoir tenir votre chien dans un premier temps. Faites couler un filet d'eau tiède et transportez votre chien en douceur dans la baignoire. Avant de commencer, préparez tout ce dont vous aurez besoin. Si vous deviez vous lever pour une raison quelconque il y a de grandes chances qu'il saute hors de la baignoire et glisse sur le sol mouillé dans un effort désespéré pour s'échapper : tout votre travail de préparation n'aurait alors servi à rien.

199 LES ACCESSOIRES DU BAIN

Pour le bain de votre chien, il vous faudra un shampooing, un soin du poil, une tasse ou un broc en plastique, des serviettes ou éventuellement un sèche-cheveux, ainsi que du coton pour protéger ses oreilles. Il existe toutes sortes de shampooings pour chien, mais un produit doux et inodore serait l'idéal pour commencer. Il existe aussi des shampooings spéciaux pour traiter divers types de peaux, dont votre vétérinaire pourra vous recommander l'usage occasionnel ainsi que des produits anti-puces en cas de besoin. Un tapis antidérapant installé au fond de la baignoire évitera à votre chien de glisser. Et il y a aussi un accessoire recommandé pour vous : un long tablier imperméable.

200 ASSOCIER LE BAIN À UNE EXPÉRIENCE POSITIVE

De la même façon que votre chien associe sa laisse aux promenades et la voiture au bois, vous pourrez transformer l'expérience du bain si votre chien parvient à l'associer à d'autres choses qu'il aime. Réservez-lui donc une friandise spéciale. Vous pouvez apporter aussi son jouet favori ou jouer à des jeux de traction une fois le bain terminé. Mieux encore, faites suivre le bain d'une promenade pour exhiber votre chien tout propre aux voisins ébahis. Attention cependant, certains chiens se précipiteront dans la boue pour se débarrasser de l'odeur du shampooing. Quel que soit l'élément positif que vous associerez au bain, il faudra toujours recourir au même de façon à ce que votre chien fasse l'association. Il faut savoir joindre l'utile à l'agréable !

201 BAIGNER SON CHIEN

Les bains réguliers permettent de limiter les odeurs canines caractéristiques, mais aussi d'éloigner les parasites.
Ils permettent aussi de traiter certaines affections de la peau avec des shampooings spéciaux. Si votre chien a une robe longue, commencez le rituel du bain en brossant ses éventuels nœuds dont il sera plus difficile de venir à bout une fois qu'ils seront mouillés. Le brossage permet aussi d'enlever les poils tombés qui pourraient s'accumuler et boucher vos canalisations.

ÉTAPE N° 1 Placez un tapis antidérapant dans la baignoire et faites couler un bain d'eau tiède. Déposez votre chien sur le tapis. Bouchez ses oreilles avec du coton.

ÉTAPE N° 2 Tenez fermement votre chien par le collier et versez de l'eau sur son dos afin qu'il soit complètement mouillé. Évitez de mouiller sa tête. Donnez-lui une friandise et rassurez-le.

ÉTAPE N° 3 Shampooinez entièrement votre chien (pattes comprises) pour bien faire mousser et pénétrer le produit, afin d'ôter saletés et peaux mortes (A). Dites-lui que c'est un bon chien.

ÉTAPE N° 4 Mouillez sa tête en prenant soin de ne pas lui mettre de savon dans les yeux. Savonnez l'arrière de sa tête et retirez les saletés de son visage à l'aide d'une éponge humide.

ÉTAPE N° 5 Rincez votre chien à l'eau tiède. Si vous l'avez familiarisé avec la douche, c'est la meilleure solution (B). Mais faites bien attention à la température de l'eau !

ÉTAPE N° 6 Une fois rincé, vous pourrez utiliser un soin pour hydrater la peau de votre chien et minimiser les nœuds. Lisez attentivement les instructions pour savoir s'il faudra ou non le rincer.

ÉTAPE N° 7 Séchez votre chien en commençant par vider la baignoire ou, s'il s'agit d'une baignoire portative, sortez-le et enveloppez-le dans une grande serviette. Utilisez un sèche-cheveux pour finir (C).

A

B

C

QUESTION AU VÉTÉRINAIRE

MON CHIEN A UNE GROSSEUR SUR LA PEAU, C'EST GRAVE ?

Si pendant la toilette de votre chien vous remarquez une grosseur sous sa peau, il est important d'avoir rapidement l'avis de votre vétérinaire. Les chiens ont souvent des grosseurs qui s'avèrent généralement être des abcès, des kystes ou des verrues. L'abcès sera traité par des bains réguliers d'eau salée. Si la grosseur est dure, c'est peut-être un kyste. Si sa base est cernée d'une croûte, c'est sans doute une verrue. Le mélanome, un cancer répandu chez les chiens, est le pire des scénarios. Certaines races ayant fait l'objet d'un élevage sélectif sont plus sujettes aux mélanomes, comme les golden retrievers, boxers, chihuahuas, dobermans, chows-chows ou english springers. Plus fréquentes parmi les chiens âgés de ces races, ces tumeurs sont souvent bénignes et se développent lentement. Les tumeurs malignes tendent à se développer rapidement ; souvent douloureuses, elles peuvent s'avérer fatales si elles ne sont pas traitées. Il est donc important d'établir un diagnostic précoce. Toutes les grosseurs doivent être enlevées par un vétérinaire, les tumeurs malignes nécessitant un traitement spécial.

202

ANTICIPER L'AGITATION QUI FAIT SUITE AU BAIN

Le soulagement d'en avoir terminé avec le bain peut se manifester par une certaine agitation. Votre chien n'aura qu'une envie : se débarrasser de l'eau restant dans son pelage en éclaboussant tout ce qui se trouve autour. Libéré de la salle de bains, il pourra avoir envie de courir à toute vitesse dans la maison, roulant sur le tapis et se frottant contre les meubles. Si vous avez commis l'erreur de laisser une porte ouverte, votre chien pourrait bien se précipiter dans la terre ou le parterre de fleurs le plus proche et vous vous retrouverez à la case départ. Il vaut mieux enfermer votre chien dans un espace sûr, la cuisine, par exemple, et le laisser décompresser quelques minutes une fois le bain terminé.

203 FAIRE DU BAIN UNE VRAIE PARTIE DE PLAISIR

Si vous ne voulez pas risquer de dévaster votre salle de bains, d'autres possibilités s'offrent à vous.

L'ÉVIER Pour un très petit chien, l'évier ou le lavabo peuvent faire l'affaire, surtout si vous pouvez y adapter un tuyau d'arrosage. Assurez-vous que votre chien ne puisse pas sauter de cette baignoire haut perchée.

LA PISCINE EN PLASTIQUE Une petite piscine en plastique placée au milieu du gazon convient parfaitement en été. Le chien y accède aisément, mais peut être tenté d'en sortir tout aussi facilement !

LE TUYAU D'ARROSAGE Si votre chien aime les jets d'eau (et certains chiens adorent ça !), vous pouvez en profiter pour organiser une séance de toilettage estival impromptue. Après quelques minutes de jeu, sortez le shampooing !

LA BAIGNOIRE POUR CHIEN Une baignoire spéciale dotée d'une attache pour la laisse évitera à votre animal de s'éclipser. Les modèles les plus sophistiqués sont dotés de tuyaux d'arrosage et d'évacuation ainsi que de toutes sortes d'accessoires.

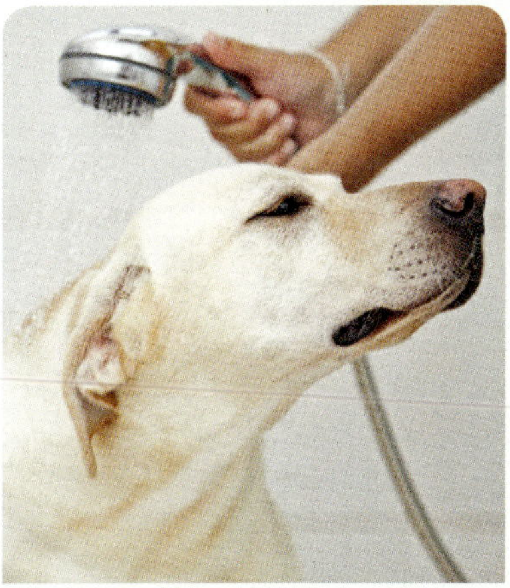

LA DOUCHE Si vous avez la chance d'avoir une douche séparée en plus de votre salle de bain, ce sera l'endroit idéal pour baigner un gros chien. Un adaptateur pour tuyau d'arrosage vous permettra de rincer parfaitement votre animal.

204 LE TOILETTAGE EN LIBRE SERVICE

Cette possibilité, très répandue aux États-Unis, reste encore exceptionnelle en France. Il s'agit d'officines qui proposent des baignoires, mais aussi le shampooing, le soin, les serviettes ainsi que la pomme de douche pour un rinçage optimal. Ce toilettage en libre service présente plusieurs avantages. D'abord, il s'agit d'un lieu spécialement consacré au bain où les flaques et éclaboussures ne posent aucun problème. Ensuite, les baignoires sont généralement réglables et permettent aux personnes souffrant de rhumatismes ou d'autres problèmes de pouvoir donner un bain à leur animal sans souffrir le martyre.

205 FAIRE APPEL À DES PROFESSIONNELS

Si votre chien est trop lourd pour être soulevé et placé dans la baignoire, qu'il a besoin de soins de toilettage spécifiques, qu'il est impossible à gérer dans une salle de bains ou que vous manquez de temps, faites appel à un professionnel. Demandez conseil à votre vétérinaire, informez-vous sur Internet ou auprès d'autres propriétaires de chiens qui auront sans doute de bonnes adresses à vous donner. Les salons de toilettage pourront satisfaire tous les besoins de votre chien : bain, brossage, tonte, etc. Certains toiletteurs travaillent à domicile. Ces professionnels s'occupent aussi généralement de la taille des griffes, qui peut être une expérience particulièrement éprouvante, même si vous avez le temps et les instruments nécessaires. Votre chien pourra être effrayé durant les premières séances : assurez-vous donc de trouver un professionnel qui lui conviendra et saura apaiser ses craintes.

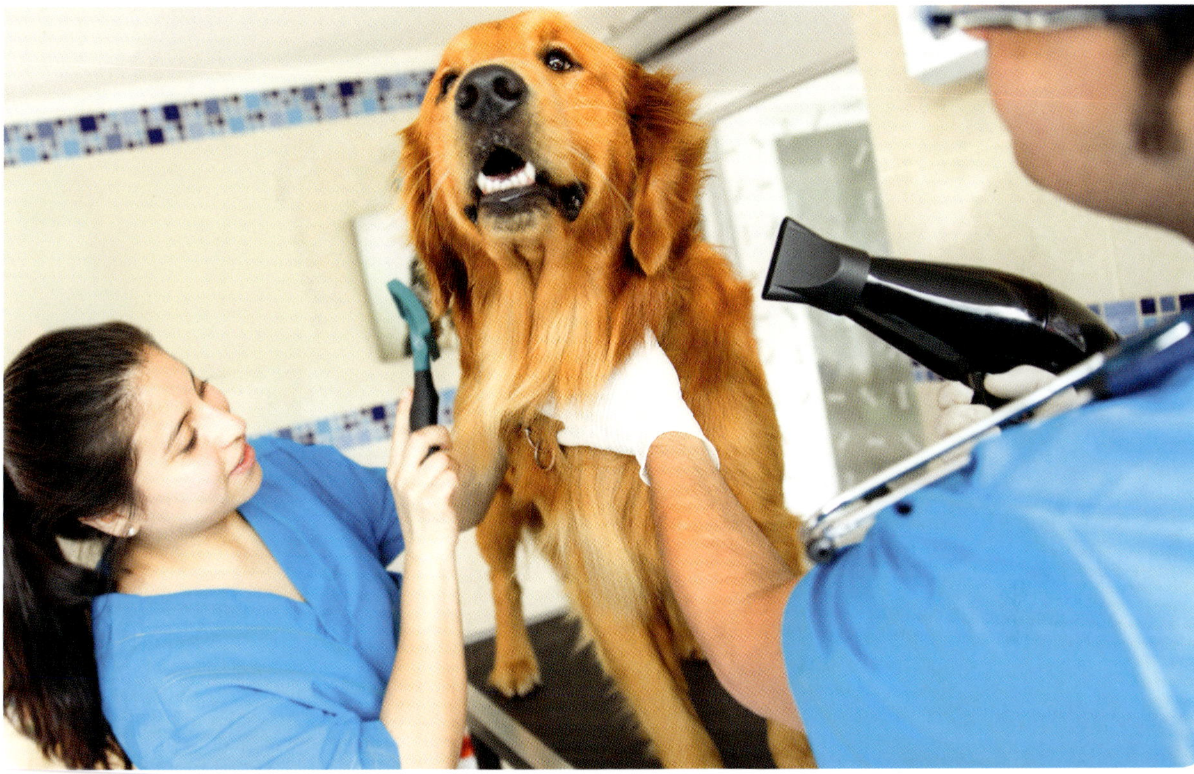

206 TRANSFORMER LA PEUR EN PLAISIR

Certaines manœuvres et certains accessoires peuvent effrayer votre chien. Il peut craindre d'être brossé, d'avoir les griffes coupées ou de prendre un bain. Aussi est-il important de réaliser ces soins en provoquant le moins de stress possible chez lui (par exemple, en vous contentant de séances brèves). Vous pouvez l'aider à se calmer en associant l'activité qu'il craint à quelque chose de positif, comme des friandises, par exemple. Vous pourrez tenir la brosse ou la pince d'une main et des friandises de l'autre. Cette association positive ne déclenchera pas l'amour fou de votre animal pour l'activité en question. Elle contribuera touefois à la normaliser et à réduire son niveau de stress au minimum.

207 DISCERNER LES DIFFÉRENTS TYPES DE PELAGES

L'élevage sélectif a abouti à une grande diversité de pelages chez les chiens domestiques. Ils ont généralement été sélectionnés pour une raison précise, à l'instar du pelage du caniche, laineux et rasé par endroits, qui favorise la nage, du pelage épais du fox-terrier à poil dur qui le protège des ronces ou bien du pelage épais des spitz qui les préserve des grands froids. Si, de nos jours, la sélection se fait sur des critères purement esthétiques, il n'en reste pas moins que chaque type de pelage nécessite des soins spécifiques.

RACES À POIL LISSE

Ces races présentent des poils lisses, courts et peu abondants, donnant plus une impression de peau que de pelage. Un brossage hebdomadaire suffit à enlever les poils tombés et à faire briller la robe.

RACES À POIL COURT

Ces races présentent des poils denses qui peuvent se superposer à une couche de sous-poils proche de la peau. De telles robes doivent être brossées au moins une fois par semaine.

RACE À POIL LONG

Ces races allient souvent des poils raides et une bourre épaisse. Un brossage quotidien s'impose ainsi que, en fonction de la race, une tonte régulière.

RACES À POIL SOYEUX

Ces races, dont les plus fameux représentants sont le Yorskshire, le cocker anglais et le terrier australien, présentent des poils raides ou peu ondulés avec un éclat naturel et une couche de poils qui tombent deux fois par an selon la saison.

RACES À POILS DURS

Ces races sont recommandées aux personnes allergiques car elles ne perdent pas leurs poils. Il faut néanmoins les brosser au moins une fois par semaine, afin d'éviter les nœuds, et les tondre régulièrement.

RACES À POIL FRISÉ

Les races à poil frisé (caniches, chiens d'eau portugais) ont des pelages imperméables dotés de poils qui ne tombent pas. Il faut néanmoins les tondre au moins une fois tous les deux mois.

208 POUR UN KIT DE TOILETTAGE ADAPTÉ

Une table professionnelle de toilettage reste un luxe pour la plupart des propriétaires d'animaux, même si elle est vraiment avantageuse lorsque les chiens ont besoin de beaucoup de soins. Habituer son chien à avoir des soins sur une table présente un double avantage : un accès facile et une meilleure concentration. En effet, une fois déposé sur la table, votre chien sait que la séance de toilettage commence et qu'elle est terminée dès qu'il se retrouve par terre. Avec ou sans table, il est essentiel que le reste de votre équipement soit adapté au type de pelage de votre animal. Votre vétérinaire pourra vous donner de bons conseils en la matière.

TABLES ET DISPOSITIFS DE RETENUE

Des tables équipées d'un réglage hydraulique de la hauteur sont disponibles pour les salons de toilettage et les propriétaires de plusieurs chiens nécessitant un toilettage important. Elles sont très chères et on leur préfère généralement une simple table pliante. Même si vous utilisez la table de la cuisine, il est conseillé d'y ajouter un dispositif de retenue (barre métallique dotée de rivets pour accrocher chaînes, lanières, etc.) qui maintiendra votre animal immobile et l'empêchera de tomber. Ce dispositif se fixe avec des vis de blocage. Reste aussi l'option la moins coûteuse : des genouillères et un chien qui se tient immobile sur commande !

BROSSE À DENTS

Brosse à dents et dentifrice sont indispensables pour que votre chien conserve des gencives et des dents saines. Les lingettes dentaires (contenant du méthanol) nettoient les dents et donnent une haleine fraîche.

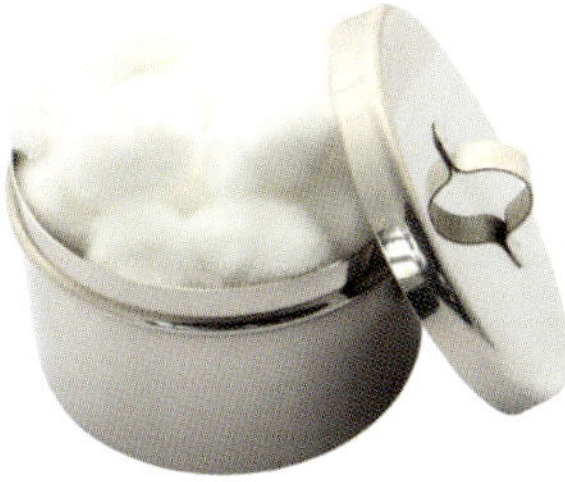

LINGES ET COTON

Un linge en microfibre vous sera utile pour faire briller un pelage lisse. Le coton est indispensable pour nettoyer autour des zones sensibles (yeux, oreilles) ainsi que les replis faciaux de certains types de chiens.

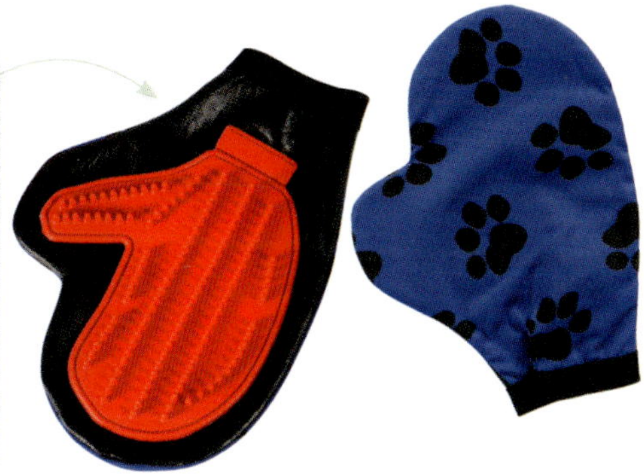

BROSSES ET PEIGNES

Brosses et peignes empêchent les poils de s'emmêler. La brosse métallique convient aux pelages laineux ou aux sous-couches épaisses, le peigne venant à bout des nœuds résistants. Un peigne à épiler (ou trimmer) sera utile pour un chien à poil dur. La brosse en caoutchouc enlève les poils morts, tout en massant la peau.

PINCE À GRIFFES ET CISEAUX

La tondeuse, un must pour les pelages ondulés, est utile pour dompter les poils emmêlés. Utilisez des ciseaux pour enlever les nœuds ou pour couper les poils dans une optique esthétique. La pince à griffes est indispensable si vous coupez celles de votre chien car, avec des ciseaux traditionnels, vous risqueriez de le blesser accidentellement s'il résistait.

209 PRÉPARATION POUR LE TOILETTAGE

Un toilettage régulier a deux buts principaux. D'abord, il maintient la fourrure, la peau, les oreilles, les dents et les ongles de votre chien en bon état. C'est aussi le moment idéal pour vérifier la présence éventuelle de parasites (tics et puces) et d'anomalies (grosseurs, éruptions cutanées). Ensuite, il joue un rôle important dans la construction du lien avec votre animal, en renforçant votre rôle de chef de meute. Le toilettage doit être un rituel agréable démontrant l'affection et le respect mutuels que vous vous portez réciproquement. La majorité des chiens finissent par aimer ces sessions mais, comme pour tout, il faudra se montrer patient et persistant pour que le vôtre s'habitue à l'idée de rester tranquille pendant plus de cinq minutes. Les choses seront plus faciles s'il se lève, s'asseoit et reste calme sur commande. Commencez par des séances courtes qui s'allongeront une fois votre chien habitué. Le contact physique impliqué par le toilettage est déjà une récompense, mais si votre chien rechigne à coopérer, il n'y a pas de mal à lui donner quelques friandises !

210 NETTOYER LE VISAGE DE SON CHIEN

Vous ne nettoierez pas uniquement le visage de votre chien pendant le bain, mais aussi au cours de chaque toilettage. Cela ne vous prendra que quelques minutes en suivant les étapes suivantes.

ÉTAPE N° 1 Utilisez un coton humide que vous passerez autour d'un œil, changez de coton pour l'autre œil afin d'éviter tout transfert de microbes. Vérifiez la présence d'éventuels suintements ou inflammations.

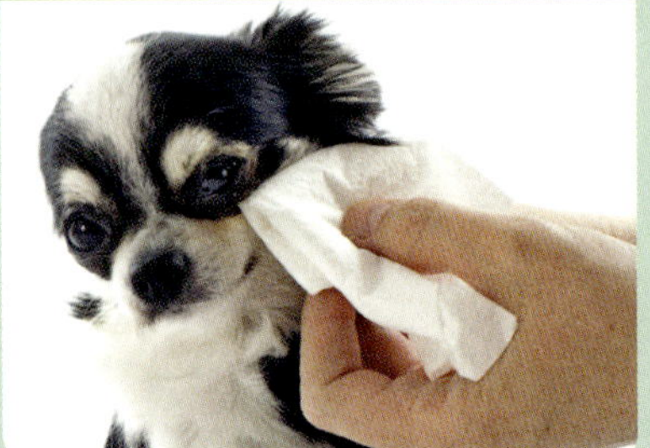

ÉTAPE N° 2 Nettoyez l'intérieur des oreilles de votre chien avec du coton humide (un coton par oreille). Ne touchez pas au canal auditif et n'utilisez jamais de coton-tige, sauf si c'est une prescription médicale.

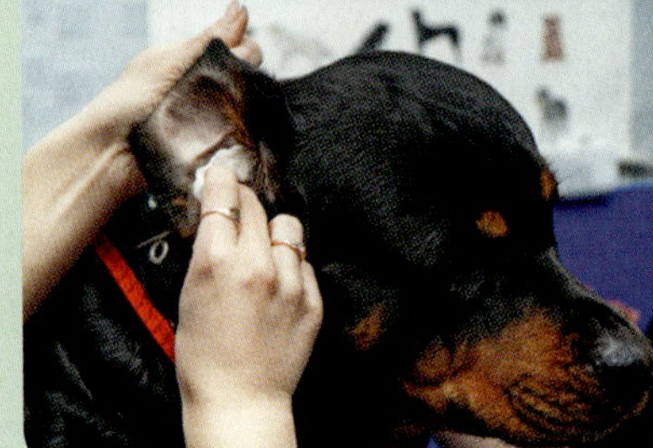

ÉTAPE N° 3 Nettoyez le front et le museau de votre chien à l'aide d'un coton humide, en n'oubliant pas les plis afin d'éliminer les peaux mortes et l'accumulation de bactéries.

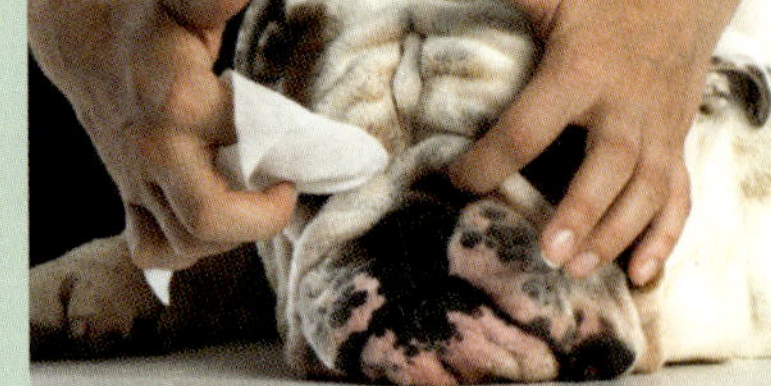

211 PRÉPARATION AU LAVAGE DES DENTS

Faut-il vraiment laver les dents de son chien ? Absolument ! L'accumulation de bactéries est à l'origine du tartre et des gingivites, le premier pas vers des problèmes de gencives (que votre vétérinaire définit comme des « maladies parodontales ») ou d'abcès douloureux. Ces problèmes sont déjà ennuyeux en eux-mêmes (ils risquent de causer la perte de dents), mais s'ils ne sont pas soignés ils peuvent s'étendre à d'autres organes, dont le foie, les reins et le cœur.

212 UN LAVAGE DES DENTS EN DOUCEUR

Si votre chien n'a pas l'habitude qu'on lui nettoie les dents, il ne faut surtout pas l'effrayer en tentant de brûler les étapes. Avancez-vous vers lui en vous montrant aussi calme et rassurant que possible. Choisissez un dentifrice susceptible de lui plaire et faites le test. Il existe toutes sortes de parfums de dentifrice canin : menthe, bœuf, poulet, au même fromage. Trouver un parfum qui plaît à votre chien rendra la séance plus agréable pour lui et nettement plus facile pour vous. Une fois encore, il s'agit d'associer un processus inconnu à des récompenses positives.

ÉTAPE N° 1 Commencez par soulever doucement ses lèvres pour inspecter ses dents. Ce simple geste peut rendre un chien nerveux : dans ce cas-là, arrêtez-vous et offrez-lui une friandise. Recommencez le lendemain et aussi longtemps que cela sera nécessaire jusqu'à ce que votre chien soit parfaitement à l'aise.

ÉTAPE N° 2 Mettez un peu de dentifrice sur un doigt et frottez-le sur les dents de votre chien. N'utilisez pas de brosse : cet objet inconnu pourrait l'effrayer. Gardez la brosse pour l'étape suivante et laissez votre chien apprécier le dentifrice comme une belle récompense en soi.

ÉTAPE N° 3 Introduisez la brosse à dents avec un peu de dentifrice. Brossez une ou deux dents, mais ne tentez pas d'accélérer les choses, c'est presque terminé. Restez-en à deux dents par jour pendant quelques jours et, si tout va bien, le brossage de dents pourra devenir une routine quotidienne.

QUESTION AU VÉTÉRINAIRE

MON CHIEN N'ARRÊTE PAS DE SECOUER LA TÊTE, QUE SE PASSE-T-IL ?

Si votre chien remue la tête et se gratte l'oreille, il y a peut-être un problème. Si ce comportement persiste, une visite chez le vétérinaire s'impose. Un corps étranger a pu venir se loger dans l'oreille de votre chien (des graines, par exemple) et le vétérinaire pourra le retirer avec des pinces spéciales adaptées au canal auditif en L du chien. Les mites d'oreilles peuvent être la cause de son agitation. Ces minuscules parasites irritent le canal auditif et peuvent stimuler une production excessive de cire. Votre vétérinaire prescrira des gouttes insecticides pour les éliminer. Parce que ces mites peuvent survivre hors des oreilles. Il vous prescrira également un shampooing insecticide : ainsi, le pelage de votre animal en sera aussi débarrassé.

213 NETTOYER LES DENTS DE SON CHIEN

Idéalement, il faudrait brosser tous les jours les dents de votre chien ou, au moins, une fois par semaine pour lui assurer une bonne santé bucco-dentaire. Il faut d'abord que vous vous familiarisiez avec l'aspect de sa gueule lorsqu'elle est en bonne santé, afin que vous sachiez reconnaître tout changement susceptible de trahir la présence d'un problème. Si vous notez quelque chose d'inhabituel, parlez-en à votre vétérinaire qui pourra vous dire si tout va bien ou qui vous conseillera de prendre rapidement rendez-vous le cas échéant. Pour nettoyer les dents de votre chien, choisissez une brosse à brins souples adaptée à sa taille.

ÉTAPE N° 1 Soulevez doucement sa lèvre supérieure et inspectez ses dents et gencives. Observez la formation de tartre et si une dent est fendillée ou brisée. Vérifiez que les gencives ne sont pas rouges, signe d'une possible gingivite, et qu'il n'y a pas de grosseur signalant la présence d'un abcès. Pour finir, contrôlez son haleine car une odeur inhabituelle peut être un signe d'alerte.

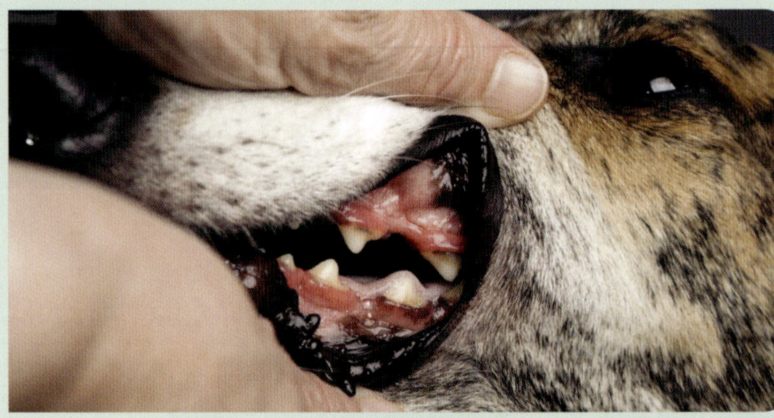

ÉTAPE N° 2 Si c'est la première fois que vous lui faites goûter un dentifrice, mettez de la patte sur un doigt et frottez sur les dents de votre chien pour voir si ça lui plaît. Ensuite, mettez un petit peu de dentifrice sur sa brosse. Soulevez sa lèvre et frottez en douceur l'extérieur des dents avec un mouvement circulaire. Près de 90 % du tartre se dépose sur l'extérieur des dents, ne vous inquiétez donc pas de l'intérieur. Caressez votre chien et félicitez-le pour son bon comportement !

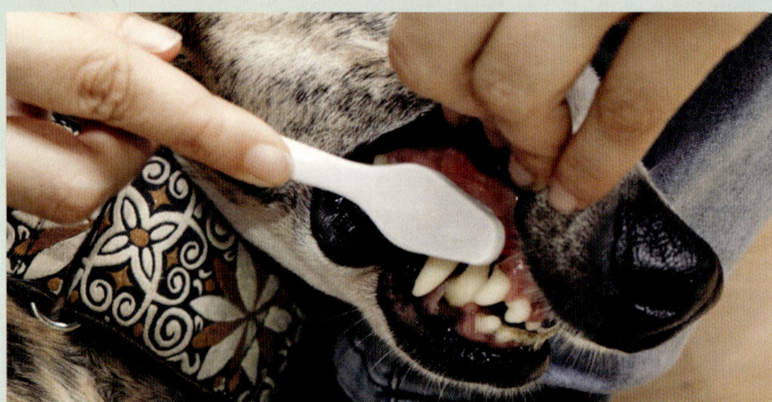

CE QU'IL FAUT FAIRE ET NE PAS FAIRE EN MATIÈRE DE DENTS

CE QU'IL FAUT FAIRE

- Vérifiez les dents de votre chien tous les jours.
- Utilisez un dentifrice spécialement adapté aux chiens.
- Nourrissez sainement votre chien pour qu'il ait une bonne hygiène dentaire.
- Essayez différents parfums de dentifrices.
- Donnez-lui des jouets à mastiquer approuvés par le vétérinaire.

CE QU'IL NE FAUT PAS FAIRE

- N'utilisez pas votre dentifrice.
- N'utilisez pas une brosse à dents faite pour vous.
- Ne lui donnez-pas de friandises sucrées, mauvaises pour son estomac et ses dents.
- N'insistez pas avec un dentifrice qui, à l'évidence, ne plaît pas du tout à votre chien.

QUESTION AU VÉTÉRINAIRE

MON CHIEN A TRÈS MAUVAISE HALEINE, QUE DOIS-JE FAIRE ?

La mauvaise haleine est bien souvent due à une accumulation de bactéries dans la gueule et l'estomac de votre chien. Elle est souvent la conséquence d'une mauvaise hygiène dentaire. L'alimentation joue aussi un rôle, surtout si vous nourrissez votre chien avec de la pâtée en boîte. Si vous améliorez son hygiène dentaire et changez son régime alimentaire, mais qu'il a toujours mauvaise haleine, l'affaire pourrait être plus sérieuse (diabète, maladie rénale). Profitez d'une visite chez le vétérinaire pour en avoir le cœur net.

214 NETTOYER LES OREILLES DE SON CHIEN

Durant le toilettage, vérifiez régulièrement les oreilles de votre chien pour vous assurer qu'elles sont propres et saines. En dehors des éventuels débris de toutes sortes, résultat de ses folles aventures dans les espaces verts, l'accumulation de cire, une inflammation ou une odeur désagréable peuvent être autant de signes annonciateurs de problèmes plus ou moins sérieux. Sachez reconnaître quand l'oreille de votre chien est en bonne santé et consultez en cas de doute. Il existe toutes sortes de liquides pour nettoyer les oreilles des chiens. Suivez toujours les instructions données sur le flacon. Et, en cas de doute, demandez conseil à votre vétérinaire. Attention : certains chiens sont particulièrement sensibles des oreilles, il faut donc y aller doucement.

ÉTAPE N° 1 Imprégnez un coton de liquide nettoyant et soulevez délicatement son oreille. Rassurez votre chien avec des mots apaisants. Nettoyez la partie supérieure de l'oreille en laissant de côté le canal auditif avant d'avoir reçu l'accord de votre vétérinaire et, en tout cas, n'utilisez jamais de coton-tige comme vous le faites pour vous-même sans avoir reçu son aval (voir entrée n° 215).

ÉTAPE N° 2 Utilisez un coton propre pour l'autre oreille et recommencez. Concentrez-vous sur la partie supérieure de l'oreille, tout en rassurant votre chien. Félicitez-le pour sa patience et donnez-lui une friandise une fois le nettoyage terminé.

QUE PENSER DE ?

LES OS SONT BONS POUR LES CHIENS

Les loups et les chiens sauvages mangent des os, donc il ne doit pas y avoir de problème pour les chiens domestiques, n'est-ce pas ? Eh bien ça dépend ! Les os cuits sont plus friables que les os crus et susceptibles donc de se fendre et de causer des blessures dans la bouche et l'estomac de votre chien. Ils peuvent aussi provoquer des étouffements. En revanche, de faux os en peau de bœufs pressée peuvent contribuer à réduire le tartre et les maladies des gencives. Même avec des os crus, il vaut mieux surveiller votre chien. Lorsque l'os est si réduit qu'il pourrait l'avaler, il est temps de le lui enlever. En cas de doute, consultez votre vétérinaire ou une boutique spécialisée.

215 NETTOYAGE EN PROFONDEUR DES OREILLES

Avec l'aval de votre vétérinaire, vous devrez peut-être traiter un problème de cire en versant un peu de liquide nettoyant dans le canal auditif de votre chien et en massant la base de son oreille pour dissoudre la cire. N'utilisez jamais ni eau ni savon qui ne s'évaporeraient pas et pourraient provoquer des infections. Votre vétérinaire vous montrera peut-être comment utiliser un coton-tige pour retirer la cire du canal auditif de votre chien. Néanmoins, ce dernier devrait instinctivement le faire en bougeant la tête, raison pour laquelle il vaudra mieux procéder à ce nettoyage à l'extérieur. S'il ne remue pas la tête, soufflez dans son oreille, cela devrait fonctionner ! En cas de doute, consultez votre vétérinaire ou un toiletteur professionnel.

216 PRÉPARER SON CHIEN À LA COUPE DES GRIFFES

Si vous entendez les griffes de votre chien résonner sur le carrelage ou s'ils s'accrochent dans le tapis ou dans l'herbe, il est temps de sortir la pince à griffes. Même si la tâche est assez simple, on est souvent très nerveux la première fois, et à juste titre. Si vous coupez trop court, vous risquez de tailler dans la partie vive de la griffe, pleine de sang (et oui, ça saignera) et de nerfs (votre chien aura très mal). En cas de doute, faites votre premier essai sous le contrôle d'un professionnel. Vous devriez devenir rapidement expert en la matière et, plus important encore, votre animal devrait être de plus en plus à l'aise avec ce soin. Durant le toilettage quotidien, vous devez prendre l'habitude de vérifier qu'il n'y a pas de saletés ou de débris entre ses doigts. Vous devrez aussi contrôler que ses coussinets n'on pas été blessés par des échardes ou des coupures. La première fois, présentez le coupe-griffes à votre chien sans vous en servir. Par la suite, vous commencerez par couper un tout petit bout de griffe afin d'avoir la certitude ne pas tailler dans le vif et récompenserez votre animal pour sa patience avec une friandise. Continuez à ne couper que de petits fragments des griffes de chaque patte pendant quelques jours. Vous serez alors plus détendu et fin prêt à vous lancer.

217 COUPER LES GRIFFES DE SON CHIEN

Vous ne devez pas laisser les griffes de votre chien sans soins sous prétexte que vous avez peur de le blesser avec la pince. En les laissant trop pousser, votre chien pourrait s'accrocher, se blesser ou se mettre à boiter, avec des conséquences néfastes sur ses muscles et ses articulations. Suivez ces trois étapes simples pour lui couper les griffes. Vous n'aurez besoin que d'une pince, d'une lime et de pansements hémostatiques en cas de problème. Et vous pouvez toujours faire appel à un professionnel pour vous aider.

ÉTAPE N° 1 Demandez à votre chien de se coucher sur un côté pour avoir accès à ses pattes. Écartez chacun de ses doigts afin d'enlever les poussières et débris éventuels à l'aide d'un tissu humide ou d'un coton. Coupez une bonne partie de la griffe suivant un angle de 45 °. En procédant en plusieurs fois, vous risquerez moins de mettre la pulpe à vif, ce qui serait très douloureux.

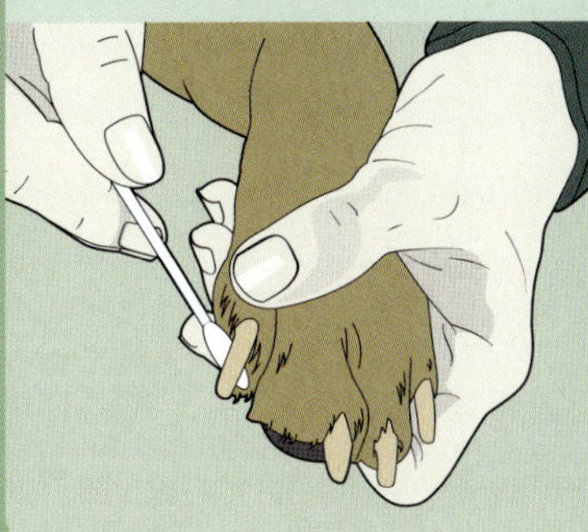

ÉTAPE N° 2 Répétez le processus jusqu'à ce qu'un ovale rose ou gris apparaisse, signalant la pulpe de l'ongle. Il est alors temps d'arrêter. Si vous mettez la pulpe à vif par accident, appliquez un pansement hémostatique avec une pression douce afin de stopper le saignement.

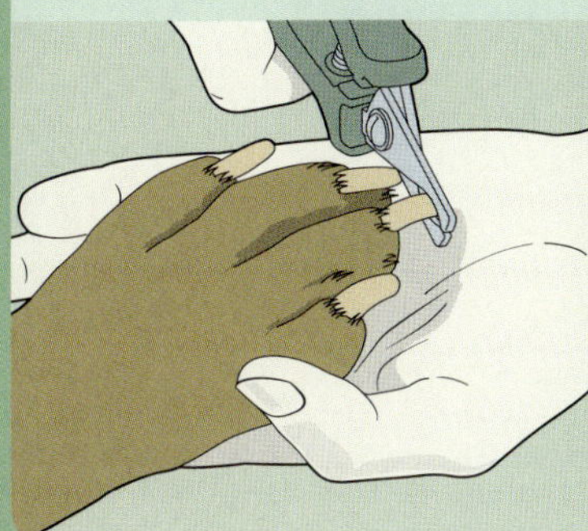

ÉTAPE N° 3 Pour finir, limez chaque ongle. Appliquez une pression douce en allant vers le bout de la griffe. Donnez à votre chien une friandise pour récompenser sa patience et qu'il comprenne que la coupe des griffes présente de très sérieux avantages.

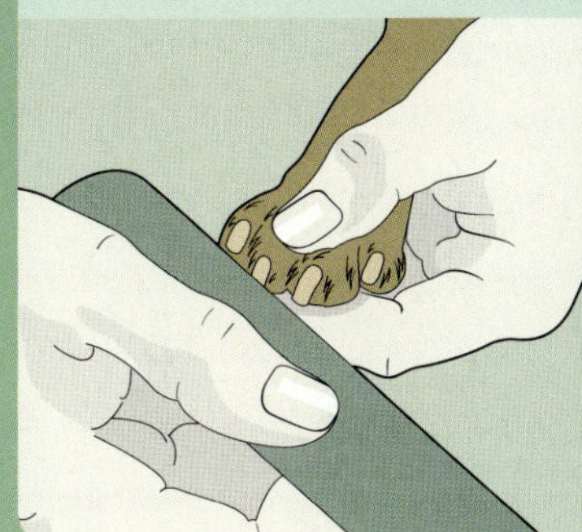

218 PRENDRE SOIN DES PELAGES À POIL LISSE

Les pelages à poil lisse sont les plus faciles à entretenir. Une séance hebdomadaire suffit pour que la fourrure de votre chien soit lisse et brillante. Profitez-en pour vérifier la bonne santé de sa peau et rechercher d'éventuels parasites. Suivez ces trois étapes simples en utilisant une brosse en caoutchouc, une brosse dure et un tissu en microfibre.

ÉTAPE N° 1 Brossez dans la direction du poil avec une brosse en caoutchouc pour enlever saletés et poils morts. Commencez par la tête et descendez jusqu'à la queue, tout en parlant à votre chien.

ÉTAPE N° 2 Recommencez à brosser avec la brosse dure pour retirer les poils morts. Brossez énergiquement dans le sens du poil et en procédant toujours de la tête à la queue.

ÉTAPE N° 3 Enfin, faites briller le pelage à l'aide d'un tissu. Continuez de féliciter votre chien et, une fois le brossage terminé, donnez-lui une friandise ou son jouet favori.

QUESTION
AU VÉTÉRINAIRE

MON CHIEN A LA PEAU SÈCHE, QUE PUIS-JE FAIRE ?

Si votre chien n'arrête pas de se gratter, il a sans doute une irritation de la peau causée par une infection ou une allergie. Le mieux à faire sera de contacter votre vétérinaire. Ces irritations, si elles ne sont pas traitées, peuvent créer des plaies douloureuses qui peuvent causer infections et complications. Mais si la peau de votre chien est juste un peu sèche ou semble avoir des sortes de pellicules, c'est peut-être normal. Essayez ces techniques pour résoudre le problème.

1. Si vous ne donnez jamais de bain à votre chien, faites-le en utilisant un shampooing médical qui permet à la peau de retrouver son gras naturel.

2. Si vous donnez souvent des bains à votre chien, c'est peut-être la cause du problème car les bains empêchent l'huile de sa peau de lubrifier son pelage.

3. Demandez à votre vétérinaire quels aliments sont bons pour la peau et le pelage de votre chien.

4. Si vous vivez sous un climat sec, utilisez un humidificateur dans les endroits ou votre chien passe le plus de temps.

219 PRENDRE SOIN DES PELAGES À POIL COURT

Les pelages à poil court, souvent doubles, nécessitent des soins plus fréquents afin d'éviter que les poils ne s'emmêlent dans une fourrure dense. Les chiens à poil court perdent plus de poils et c'est un sérieux problème si votre chien passe beaucoup de temps à la maison et les sème sur le mobilier. Des soins bihebdomadaires devraient suffire pour obtenir un pelage resplendissant.

ÉTAPE N° 1 Utilisez d'abord une brosse à picots pour démêler et enlever les poils morts. Suivez le sens du poil avec cette brosse en retirant régulièrement les poils qui s'accumulent dessus pour lui conserver une efficacité optimale.

ÉTAPE N° 2 Passez avec vigueur une brosse en soies sur le pelage, de la tête à la queue. Cette étape permet de retirer des poils morts et toute saleté restée sur la fourrure.

ÉTAPE N° 3 Enfin, demandez à votre chien de rester debout et utilisez un peigne métallique pour retirer d'éventuels nœuds sur sa queue ou à l'arrière de ses pattes.

220 PRENDRE SOIN DES PELAGES À POIL LONG

Un pelage à poil long bien entretenu est magnifique, mais il deviendra rapidement inconfortable pour votre chien s'il se salit ou que ses poils s'emmêlent.

Un soin quotidien est nécessaire, surtout pour les chiens dotés d'une fourrure longue avec une sous-couche épaisse.

ÉTAPE N° 1 Utilisez d'abord une brosse à picots pour démêler les nœuds. Brossez d'abord en douceur pour les localiser. Puis utilisez un peigne à dents larges pour les enlever et préparez les ciseaux au cas où certains feraient de la résistance.

ÉTAPE N° 2 Recommencez avec une brosse à aiguilles d'acier. Cette fois-ci, vous ne devriez rencontrer aucune résistance, les nœuds ayant été retirés à l'étape précédente. La brosse se chargera de poils morts qu'il faudra enlever régulièrement pour un brossage efficace.

ÉTAPE N° 3 Avec un peigne à dents larges, peignez les parties duveteuses de la fourrure (poitrine, pattes, oreilles). La douceur s'impose près des oreilles car la zone est sensible.

ÉTAPE N° 4 Utilisez les ciseaux pour couper des poils trop longs sur les pattes de votre animal, là où poussière et débris s'accumulent et provoquent de l'inconfort. Vous pourrez également avoir besoin de couper des poils trop longs derrière les jarrets et sous la queue.

221 PRENDRE SOIN DES PELAGES À POIL SOYEUX

Certains chiens présentent des pelages longs et soyeux avec une sous-couche presque inexistante. Leur fourrure sera soignée à peu près de la même façon que les autres pelages à poil long, mais il faudra prendre soin de ne pas égratigner leur peau. Pour terminer, un coup de brosse en poils de soie fera resplendir un pelage soyeux. Certains chiens de race (Yorkshire terrier, par exemple) ont été sélectionnés depuis des siècles pour leur magnifique pelage et ont besoin de recevoir l'attention régulière d'un toiletteur professionnel, ainsi que des soins quotidiens accomplis par leurs maîtres.

222 TONDRE SON CHIEN

La plupart des chiens perdent leurs poils à longueur d'année et n'ont besoin que d'un brossage hebdomadaire. En revanche, certains chiens possèdent des poils ondulés qui ne cessent de croître : il faut les tondre toutes les six à huit semaines, selon la saison. C'est une procédure complexe, que nombre de maîtres préfèrent laisser à des professionnels. Même si vous ne voulez pas tondre entièrement votre chien, vous devez savoir faire des tontes partielles pour empêcher les poils de s'emmêler. Si votre chien possède un pelage épais et que vous vivez sous un climat chaud, vous le tondrez entièrement pour qu'il ne souffre pas de la chaleur. Laissez cependant une longueur de poil suffisante pour que la peau ne soit pas directement exposée au soleil.

223 ENLEVER LES POILS DURS AU PEIGNE

On doit enlever les poils morts des races de chiens à poil dur tous les trois ou quatre mois. On utilisera, dans le sens du poil, un peigne à épiler (A). Cette opération ne doit pas incommoder votre animal. Des couteaux spéciaux sont disponibles qui facilitent l'opération. Vous pouvez tirer sur les poils morts coincés entre votre pouce et la lame qui n'est pas tranchante (B). La tondeuse peut être utile pour les poils longs de la poitrine (C).

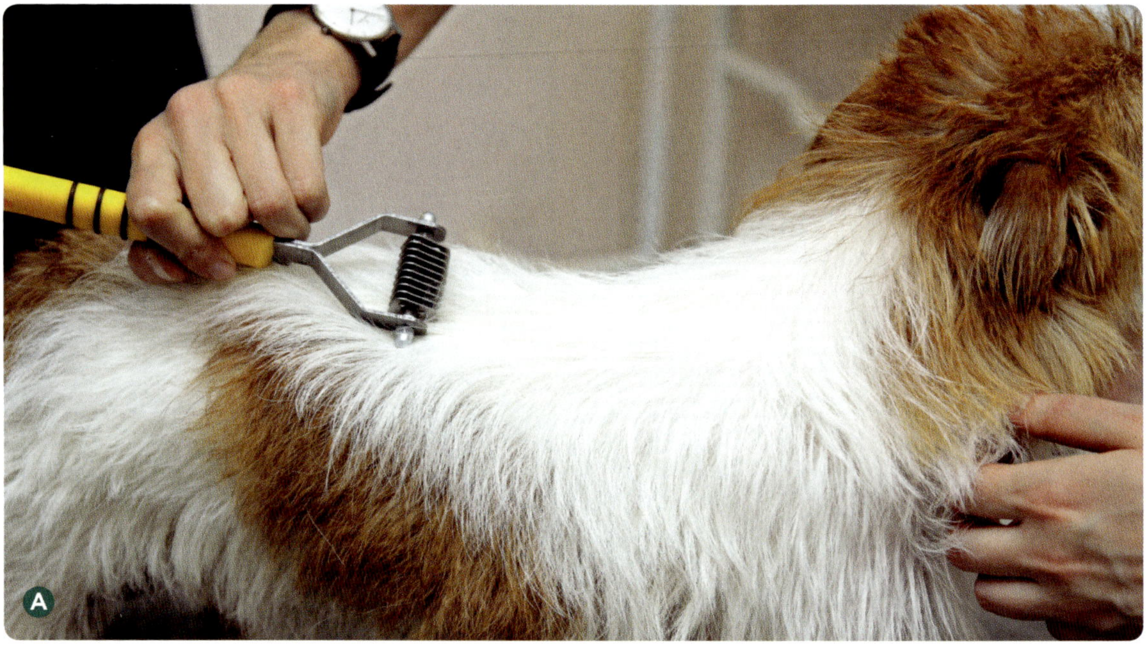

A

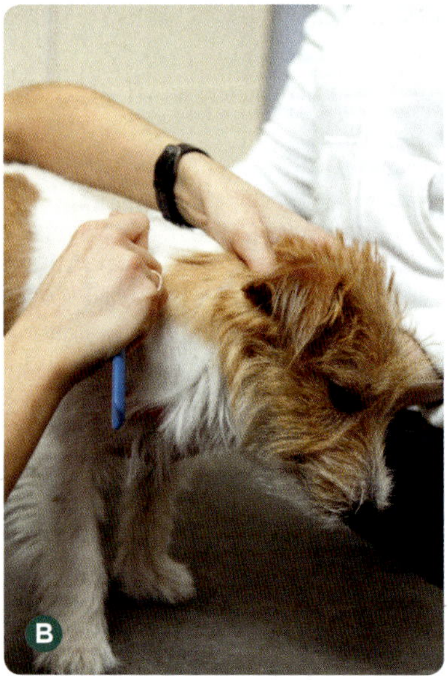

B

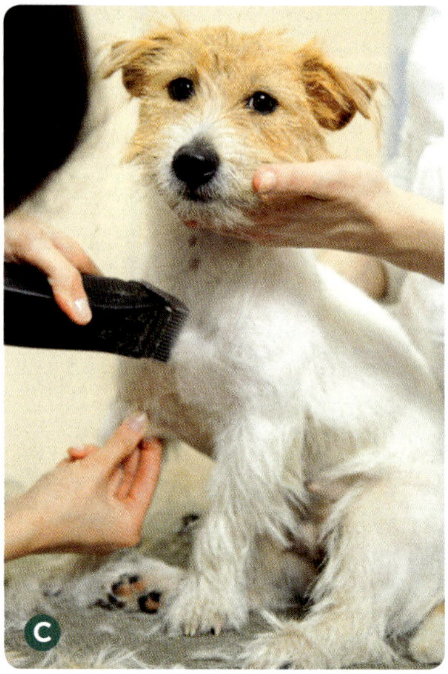

C

PEIGNE À ÉPILER (OU TRIMMER)

224 TOUT POUR SÉDUIRE

L'un des avantages d'avoir appris à votre chien à rester assis sans bouger pendant que vous le soignez réside dans le fait qu'il pourra apprécier de temps en temps que vous jouiez à la poupée avec lui. Cela ne convient pas à tous les chiens, certains détestent qu'on leur mette des vêtements, mais beaucoup s'en fichent et un petit nombre s'en amuse, surtout s'il y a des friandises à la clé. De petits chiens peuvent être totalement craquants si on les affuble ne serait-ce que d'un nœud. Pour certains, comme le Yorkshire terrier, cela pourra également avoir une utilité dans la mesure où les longs poils de sa tête ne lui tomberont pas devant les yeux.

225 PRENDRE DES PHOTOS DE SON CHIEN

Les grandes fêtes annuelles sont de bonnes occasions de revêtir votre chien de ses plus beaux habits et de partager vos clichés avec la communauté des amoureux des animaux sur un réseau social. Les possibilités sont plus nombreuses chaque jour, mais Facebook reste le site le plus utilisé pour partager ses photos avec la famille et les amis. Flickr est un site de partage de photographies à recommander car il permet de conserver, trier et partager vos photos en ligne.

Instagram permet un partage instantané à partir de votre téléphone portable avec des liens vers Facebook et Twitter. Youtube reste le meilleur site pour partager des vidéos avec le monde entier, et celles mettant en scène des animaux sont très populaires. Cependant, ne postez que les clichés qui en valent la peine ! Voici dix conseils qui vous permettront d'obtenir des résultats dignes d'un professionnel la prochaine fois que votre chien se trouvera sous la lumière des flashs !

DIX CONSEILS POUR DES PHOTOS RÉUSSIES

❶ **ENLEVER LE SUPERFLU** Vous pouvez recadrer le cliché en enlevant des objets qui traînent à l'arrière-plan et n'ont rien à faire sur votre photo. Enlever tous les objets susceptibles de capter le regard est la façon la plus simple d'augmenter l'impact de sa photo.

❷ **CENTRER SUR LA TRUFFE** On centre généralement sur les yeux lorsqu'on prend des personnes en photo. Le fait de procéder ainsi fait apparaître flou le museau de la majorité des chiens. Focalisez sur la belle truffe, noire et brillante, de votre animal.

❸ **TROUVER LE BON ANGLE** Vous pourrez avoir envie de prendre un cliché de votre chien depuis votre hauteur, mais il vaudra mieux vous baisser pour le photographier au niveau des yeux ou en contreplongée, pour une image impressionnante et originale.

❹ **REMPLIR LE CADRE** Si vous n'avez pas le temps de ranger, rapprochez-vous de votre chien pour éviter de photographier des éléments parasites susceptibles de capter le regard et obtenir un effet dramatique maximal.

❺ **PRENDRE DES CLICHÉS SPONTANÉS** Quand c'est possible, utilisez le zoom plutôt que de vous approcher furtivement de votre chien. Les meilleurs clichés sont souvent ceux pris alors que votre chien a oublié l'appareil. Votre chien se posera des questions en vous voyant avec un appareil photo et concentrera son attention sur son chef de meute, vous empêchant de prendre le cliché de vos rêves !

❻ **PRENDRE DU PLAISIR** Avec les animaux, vos meilleurs alliées sont la patience et la persévérance. Si vous voulez prendre un beau cliché et craignez de ne pas y arriver, votre animal hypersensible le sentira et cela le rendra nerveux. Prenez votre temps et ne vous énervez-pas. Si vous prenez du plaisir, il y a de grandes chances que votre animal en prenne aussi.

❼ **BIEN PRENDRE LA LUMIÈRE** Même si les appareils photos des téléphones mobiles gèrent très bien la lumière, il vaut mieux prendre la photo dans une zone très éclairée. La lumière directe peut créer des ombres dérangeantes, optez donc pour une lumière diffuse. Vous pouvez réfléchir une partie de la lumière sur les ombres avec une couverture blanche ou un morceau de carton enveloppé de papier aluminium. Cela ne fonctionnera que si votre chien obéit, heureux de rester tranquille dans un tutu alors que vous vous amusez avec des draps et du papier aluminium...

❽ **ÉVITER LE FLASH SUR LE CHIEN** Le flash fonctionne bien pour les sujets en mouvement, comme lorsque votre chien saute pour attraper une balle. Mais, dans les portraits, le flash risque de produire une image plate sans intérêt. Pire encore, votre charmant toutou pourrait avoir des yeux rouges très inquiétants !

❾ **RÉCOMPENSER SON MODÈLE** Outre la patience et la persistance, il ne faut pas oublier le renforcement positif. En utilisant son jouet préféré, vous permettrez à votre chien de se concentrer. S'il n'est pas au régime, les friandises pourront vous aider, à moins qu'il n'ait une propension à baver !

❿ **RACONTER UNE HISTOIRE** Chaque maître est convaincu de posséder le plus beau chien au monde, mais les autres ressentent-ils la même chose en le regardant ? Peut-être, s'il s'agit d'un chien magnifique, mais il vaut mieux avoir une belle histoire à proposer si votre public n'est pas d'emblée convaincu.
Et des histoires, vous pouvez en vivre tous les jours avec votre chien !

226 TOUT SAVOIR SUR LES PUCES

Avez-vous déjà eu des démangeaisons qui n'en finissaient pas ? Cela vous démange sans doute déjà rien que d'y penser ! Imaginez que ça vous démange tout le temps et partout : c'est ce qui arrive à un chien dont les puces ne sont pas traitées. Et non seulement l'irritation est constante et douloureuse, mais en plus elle peut aboutir à des maladies et des infections, dont le ténia ou encore l'anémie !

PUCE

PEIGNE ANTI-PUCES

227 DÉTECTER LES PUCES

Vous pouvez rapidement vérifier si votre chien a des puces en faisant ce test rapide en trois étapes. Vous n'avez besoin que d'une feuille d'essuie-tout ou d'un mouchoir et d'un peigne anti-puces.

ÉTAPE N° 1 Demandez à votre chien de se mettre sur le dos. Cela vous permettra d'avoir une bonne vue de sa peau là où les poils sont moins denses. Voyez vous des puces ou de petits points noirs (des déjections de puces) ?

ÉTAPE N° 2 Si vous n'avez rien vu d'alarmant, passez le peigne anti-puces dans le pelage couvrant la poitrine pour en être sûr. Des petits points noirs se sont-ils déposés sur le peigne ?

ÉTAPE N° 3 Si vous avez des points noirs, il faut déterminer de quoi il s'agit. À l'aide d'une feuille d'essuie-tout humidifiée, essuyez-les. S'ils deviennent rouges au contact de la feuille, il s'agit peut-être d'une invasion de puces et il est temps d'aller consulter.

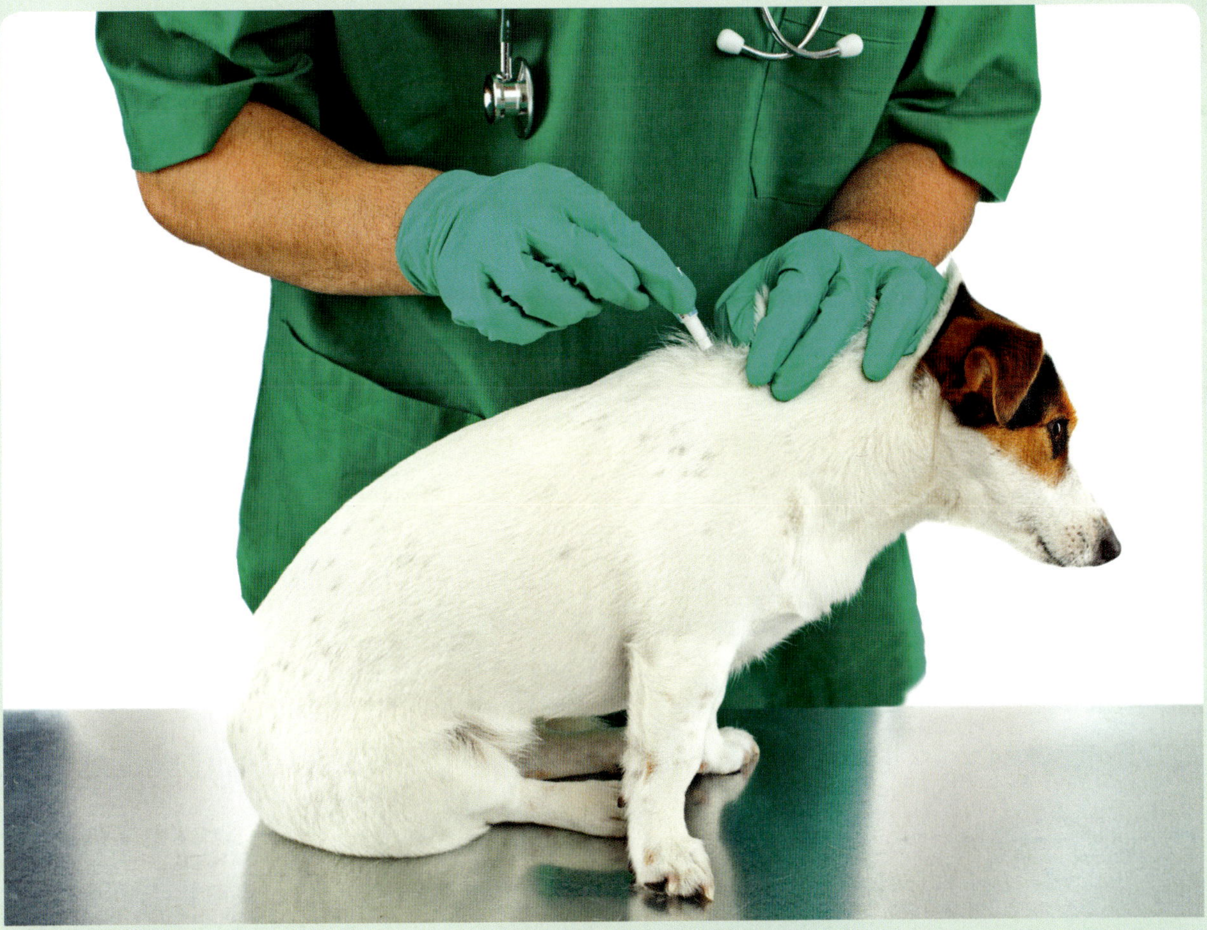

228

LIBÉRER VOTRE MAISON DES PUCES

Les puces sont un problème fréquent chez les chiens. À l'aise aussi bien à l'extérieur qu'à l'intérieur de la maison, elles sautent sur votre chien qu'elles piquent pour se nourrir. Chez vous, elles passent le plus clair de leur temps sur les tapis et les tapisseries. Peut-être vous piquent-elles sans que vous ne vous en rendiez compte. Avez-vous remarqué de petites marques rouges sur vos pieds et vos chevilles ?

Pour contrôler les puces, il faut agir sur votre chien et votre maison. Il existe plusieurs moyens. La majorité des vétérinaires recommandent de mettre en place une routine préventive.

AGIR SUR SON CHIEN

Pour débarrasser votre chien des puces, vous avez plusieurs possibilités. Les vétérinaires recommandent un traitement local à appliquer sur sa peau une fois par mois. Le produit pénètre sous la peau et se répand pour tuer les puces. Il existe des poudres à parsemer sur le poil du chien, mais aussi des colliers anti-puces. Donnez aussi de temps en temps un bain à votre chien avec un shampooing spécial destiné à tuer ou repousser les puces.

AGIR SUR SA MAISON

Les puces vivent dans les tapis, sous les meubles, partout où elles peuvent se cacher. Il est utile de passer l'aspirateur souvent, mais cela ne suffit pas. Il existe des produits à base de poudre de borax, un pesticide naturel inoffensif pour vos animaux, mais implacable contre les puces. Enfin, aspergez le matelas de votre chien avec un spray biologique adapté afin d'empêcher les œufs de puce d'éclore et de recommencer un nouveau et terrible cycle.

229 RECONNAÎTRE LES PARASITES EXTERNES LES PLUS RÉPANDUS

PARASITE	DESCRIPTION ET SYMPTÔMES	REMÈDE
LARVES DE MOUCHES À VIANDE 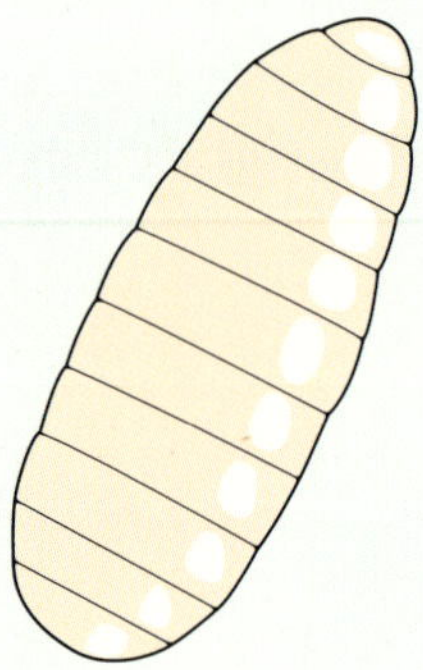	Les larves de mouches sont de petits asticots qui se nourrissent de chair en décomposition et de matières fécales. Ces larves provoquent aussi la redoutable myiase chez les animaux de compagnie. Elle prédomine chez les chiens âgés qui restent dehors et ont du mal à se nettoyer, mais aussi chez tous les chiens aux pelages sales et emmêlés ainsi que chez ceux qui souffrent de diarrhée. Les mouches à viande déposent leurs œufs autour de la région anale et les larves, une fois écloses, infestent cette région et endommagent la peau.	Cette parasitose très désagréable doit être traitée sans attendre. Les larves sont retirées avec de l'eau oxygénée et la zone infectée est traitée avec un antiseptique. La prévention est simple : votre chien doit rester propre. Appliquez un spray insecticide l'été. Si c'est un chien à poil long, coupez régulièrement les poils autour de l'anus pour que cette région reste propre et moins attirante pour les mouches.
***CHEYLETIELLA* (MITES)** 	Souvent confondues avec des pellicules, ces mites blanches contagieuses sont presque invisibles à l'œil nu. Elles se manifestent par des sortes de pellicules visibles sur le dos de votre chien et peuvent provoquer des éruptions cutanées. Ces mites s'attaquent aussi aux humains.	Votre vétérinaire prescrira un shampooing insecticide pour détruire les mites. Utilisez le shampooing sur tous vos chiens, même si un seul est infecté. Nettoyez les matelas de vos animaux afin de vous assurer que ces horribles mites ne puissent repartir pour un nouveau cycle.
***DEMODEX CANIS* (ACARIEN)** 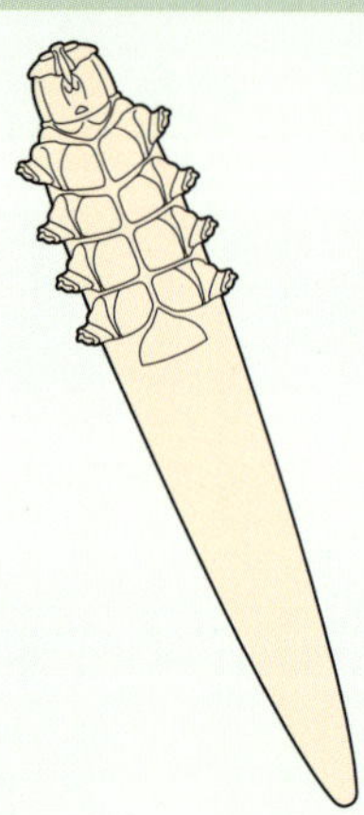	Invisibles à l'œil nu, ces acariens en forme de cigarette peuvent provoquer de méchantes éruptions et/ou des pustules s'ils ne sont pas traités. Ils vivent dans les follicules des poils ou à proximité et sont souvent un problème chez les chiens âgés (même si les jeunes peuvent aussi être touchés). La présence de ces parasites se manifeste d'abord sur le visage et les pattes antérieures.	Votre vétérinaire prescrira un traitement insecticide à appliquer une fois par semaine jusqu'à la fin de l'infection. Les pustules sont l'indication d'une infection bactérienne secondaire qui sera traitée avec des antibiotiques.

PARASITE	DESCRIPTION ET SYMPTÔMES	REMÈDE
AOÛTATS (ACARIENS *TROMBICULA AUTTUMNALIS*) 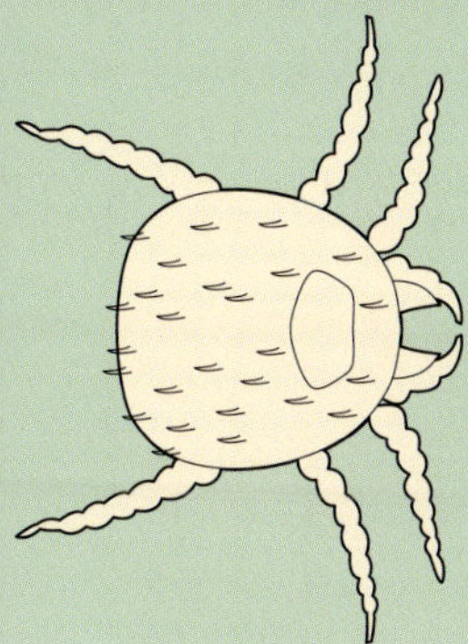	Ces petits acariens rouges apparaissent à l'automne et pondent leurs œufs dans le sol humide. C'est une larve presque invisible qui émerge et grimpe sur le brin d'herbe le plus proche pour s'embarquer sur le premier mammifère qui passe par-là, et ce peut être votre chien. Cet acarien tend à irriter les coussinets, ce que vous remarquerez si votre animal ne cesse de les lécher pour soulager son mal.	Les larves abandonnent leur hôte au bout de quelques jours et deviennent adultes dans la terre, prêtes à commencer un nouveau cycle. Votre vétérinaire vous prescrira des shampooings insecticides ainsi que des anti-inflammatoires.
POU BROYEUR DU CHIEN (*TRICHODECTES CANIS*) 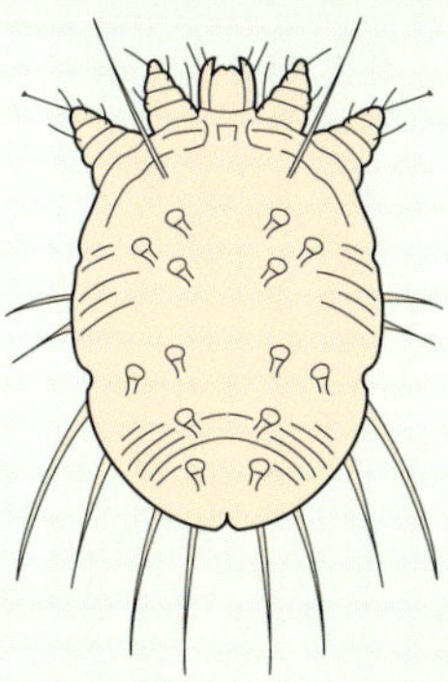	Visibles à l'œil nu, ces parasites plats se déplacent sur la peau du chien pour se nourrir et fixer leurs petits œufs blancs sur ses poils. Une femelle pond jusqu'à cent œufs à la fois, l'infestation est donc rapide. Ces parasites sont connus pour transmettre le ténia au chien. Lorsqu'ils sont nombreux, ces poux provoquent de fortes démangeaisons, mais ils sont rares chez les chiens domestiques bien soignés.	Le traitement allie le passage d'un peigne à poux et des bains avec un shampooing médical. (Cette parasitose, rare en France métropolitaine, est plus fréquente dans les DOM-TOM.)
***SARCOPTES SCABIEI CANIS* (ACARIEN PARASITE)** 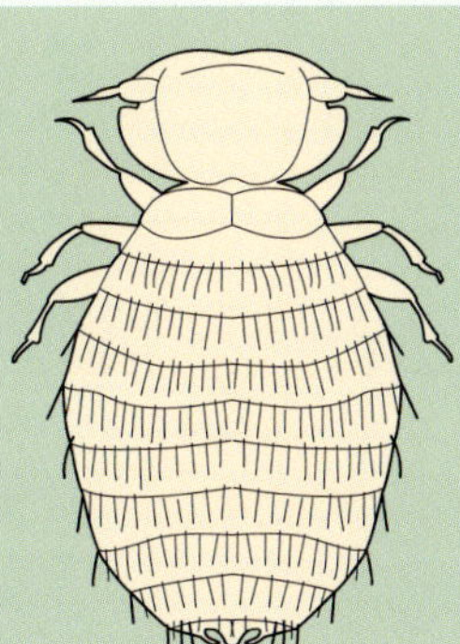	La gale sarcoptique du chien se caractérise par des démangeaisons intenses, des éruptions cutanées, des croûtes très irritantes et la perte des poils. Les humains peuvent être infectés, mais les symptômes sont moins sévères. Le début de la maladie se signale généralement par des squames et des croûtes autour des oreilles et des coudes.	Votre vétérinaire prescrira un shampooing insecticide en traitement d'un mois pour détruire ces parasites. Ceux-ci peuvent survivre plusieurs jours hors du pelage du chien, il faudra donc se débarrasser de tous les couchages de l'animal afin d'éviter un retour de la maladie.
TIQUES 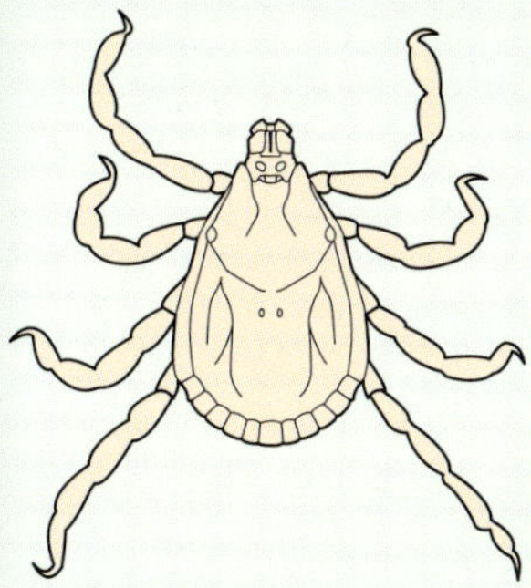	Souvent difficiles à repérer du premier coup, les tiques se gorgent rapidement du sang de leur hôte et apparaissent clairement, sauf si elles se sont placées derrière les oreilles ou entre les doigts des pattes du chien. La tique *Dermacentor*, peu présente en France, peut provoquer des paralysies. La tique *Ixodes scapularis* transmet la maladie de Lyme, que les hommes peuvent également attraper.	Un toilettage régulier et minutieux permettra de vérifier si des tiques se sont attachées à la peau de votre chien. Il faudra les enlever aussi rapidement que possible à l'aide d'une pince avant de désinfecter la zone avec de l'alcool.

230 RETIRER LES TIQUES

En tant que propriétaire de chien, vous devez apprendre à ne pas avoir peur d'affronter ces arachnides acariens redoutables, susceptibles de provoquer des affections secondaires sérieuses s'ils ne sont pas rapidement enlevés. Mettez des gants en latex afin de ne pas entrer accidentellement en contact avec la tique ou la zone environnante. Jeter une tique à la poubelle ou dans les toilettes ne permet pas forcément de la détruire. La meilleure chose à faire est de la garder un temps dans un petit récipient contenant de l'alcool à 90° et doté d'un couvercle à vis, afin de la montrer à votre vétérinaire si vous vous rendez compte que votre chien souffre d'une affection secondaire.

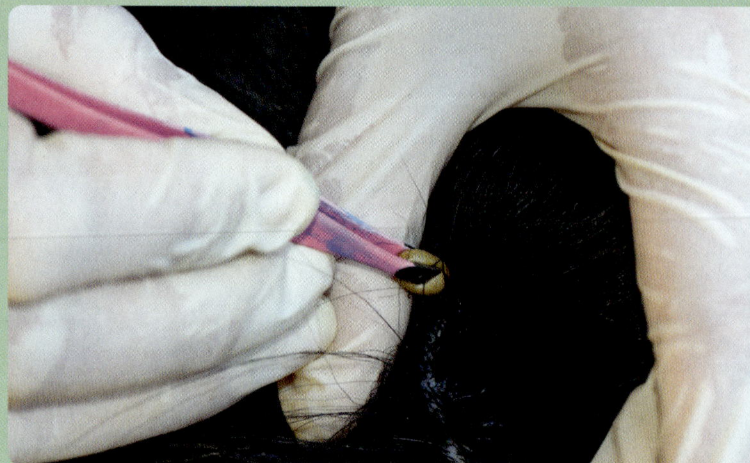

ÉTAPE N° 1 Passez un coton ou un linge imbibé d'alcool à 90° sur la tique et la zone de peau sur laquelle elle s'est fixée.

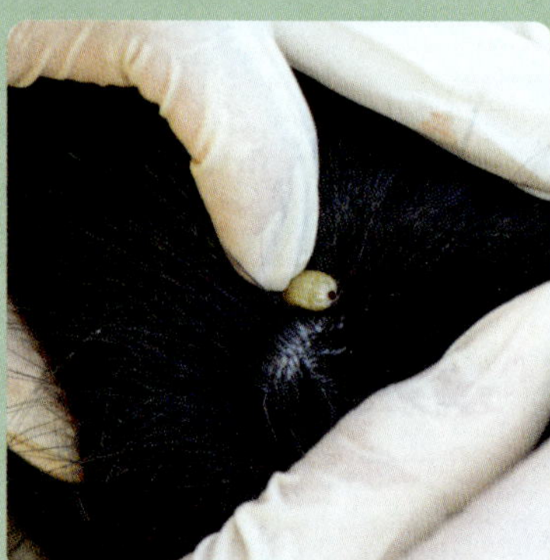

ÉTAPE N° 2 À l'aide d'une pince à épiler, saisissez la tique aussi près que possible de la peau (attention de ne pas pincer la peau). Tirez d'un coup sec vers le haut pour l'extirper et prenez soin de retirer la tête et la zone buccale en même temps que le corps.

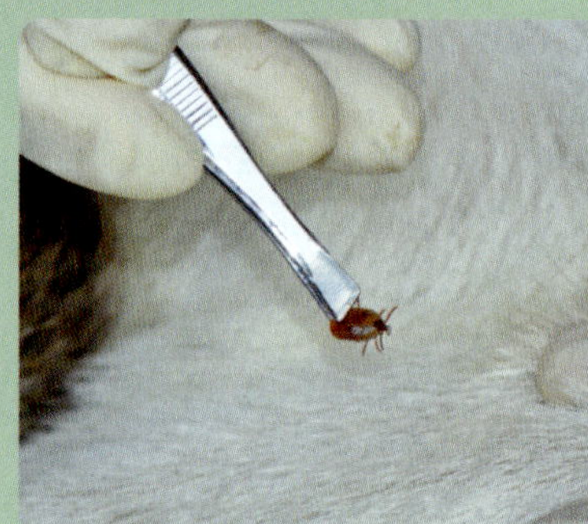

ÉTAPE N° 3 Désinfectez la zone. Si la zone buccale de la tique est restée accrochée, ne tentez pas de la retirer à l'aide de la pince. Appliquez une compresse chaude et laissez le corps de votre animal l'expulser naturellement.

ÉTAPE N° 4 Placez la tique dans un pot rempli d'alcool à 90°. Ne l'écrasez pas car ses intestins pourrait contenir des fluides infectieux. N'oubliez pas de stériliser la pince à épiler avec de l'alcool et, si elle est en métal, de la passer brièvement sous une flamme.

ÉTAPE N° 5 Demandez à votre vétérinaire un traitement préventif local. Les piqûres de tiques sont dangereuses, la prévention est donc essentielle.

231 UTILISER UN LASSO À TIQUES

Pour retirer les tiques, la pince à épiler, qui n'est pas toujours idéale, n'est pas votre seule option. Si vous vivez dans une zone où les tiques abondent, il vaut la peine d'investir dans un outil spécial, le lasso à tiques, en forme de stylo terminé par un fin fil métallique formant une boucle qui enserre le corps de la tique et se resserre pour retirer correctement l'ensemble du parasite. Le lasso s'adaptant à la taille de l'acarien, vous pourrez débarrasser votre chien de la plus minuscule des tiques.

QUESTION AU VÉTÉRINAIRE

MON CHIEN SE FROTTE LE POSTÉRIEUR PAR TERRE, QUE SE PASSE-T-IL ?

Si votre chien en position assise se frotte l'arrière-train par terre avec les pattes arrière tendues à l'horizontale, c'est un signe que ses glandes anales sont infectées. Cette posture presque comique s'accompagne généralement d'un nettoyage intense de la région anale. Elle peut aussi révéler la présence de vers. S'il y a des œufs en forme de grains de riz attachés aux poils de la zone anale, il pourrait s'agir d'un ténia. En cas de doute, consultez votre vétérinaire.

232 FAIRE FACE AUX PARASITES INTERNES

Les vers peuvent être très gênants pour votre chien et provoquer vomissements ou diarrhées. Les chiots doivent être vermifugés régulièrement à partir de deux semaines. Ceux-ci peuvent être infectés par des ascarides avant la naissance, ce qui se traduit par une faible prise de poids, un ventre distendu et une robe terne. Certains vers peuvent être transmis aux humains.

	LES PARASITES INTERNES			
	ASCARIS DU CHIEN *Toxocara canis*	**TÉNIA** *Dipylidium caninum*	**TRICHOCÉPHALE** *Trichuris vulpis*	**ANKYLOSTOME** *Uncinaria stenocephala*
SYMPTÔMES	Pouvant atteindre 15 cm de long, ces vers qui ressemblent à des spaghettis peuvent provoquer des vomissements et de la diarrhée.	Atteignant jusqu'à 46 cm de long, le ténia présente un corps plat segmenté. Il augmente l'appétit mais provoque rarement des symptômes cliniques.	Mesurant jusqu'à 7 cm de long, ce vers vit dans l'intestin. Son corps est gros, terminé par une longue queue. Il provoque diarrhée et anémie.	Invisible à l'œil nu, ce parasite se nourrit de sang dans l'intestin grêle, et peut provoquer une anémie sévère ainsi que des diarrhées.
REMÈDE	Des vermifuges sont disponibles chez le vétérinaire et dans les magasins spécialisés et en pharmacie. Tous les chiens doivent être vermifugés tous les trois mois afin d'éviter la réapparition des vers.	Vermifugez régulièrement votre chien avec un produit approuvé par votre vétérinaire. Vérifiez l'absence de puces car votre chien peut attraper le ver en avalant, lors de sa toilette, une puce infectée.	Consultez votre vétérinaire qui pratiquera des tests afin de prescrire un traitement approprié. Améliorez l'hygiène de votre chien, car ce type de parasites est surtout présent chez les jeunes chiens mal soignés.	Consultez votre vétérinaire qui vous donnera un traitement approprié. Améliorez l'hygiène de votre chien. Ce parasite infeste les matelas humides et sa larve provoque des irritations de la peau.
PARASITE			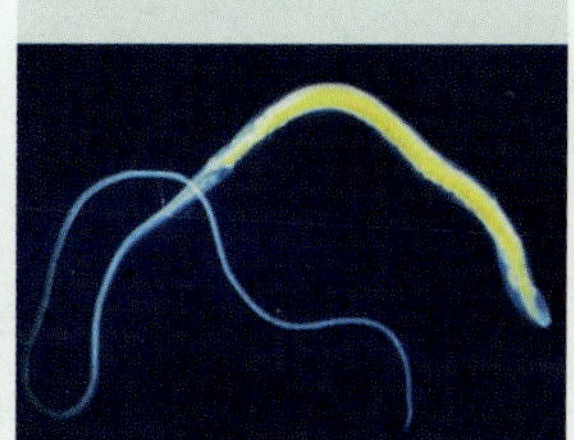	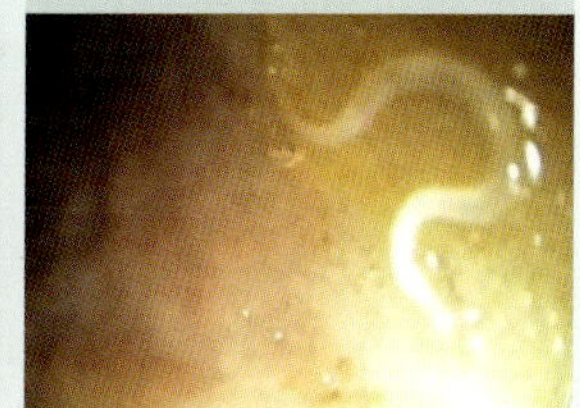

233 LES SAISONS ET LEURS DANGERS

Les besoins de base de votre chien ne changent pas d'un jour à l'autre : il aura toujours besoin d'eau, de nourriture, de sa promenade quotidienne (sauf dans des conditions météorologiques extrêmes) et d'affection. Prêtez cependant attention aux changements climatiques et à leurs conséquences. Certaines périodes de fêtes et célébrations peuvent également poser des problèmes particuliers à nos fidèles compagnons.

PRINTEMPS

Le printemps marque le retour du soleil et les jardins qui se couvrent de fleurs. Saviez-vous que certaines plantes de printemps sont toxiques pour les animaux domestiques ? Tulipes, hyacinthes et jonquilles sont dangereuses, surtout si votre chien creuse et mâchonne leurs bulbes qui lui semblent délicieux.

ÉTÉ

La température monte. Les chiens laissés dehors, dans des voitures ou dans des pièces non ventilées risquent des coups de chaleur. C'est la saison de prédilection des puces et autres parasites. Les barbecues sont une source de danger pour les chiens ainsi que les feux d'artifice du 14 juillet car le bruit stresse les animaux qui peuvent s'enfuir pour y échapper.

AUTOMNE

Pluie et boue étant plus abondantes, le toilettage sera plus fréquent. Les jours les plus froids, l'arthrite des chiens plus âgés pourra se réveiller. L'automne est la saison des champignons, il faudra donc se montrer particulièrement vigilant durant les promenades dans les bois et les forêts.

HIVER

La neige et la glace sont une source d'émerveillement et de dangers. Comme vous écourterez sans doute vos promenades, faites plus de jeux dans la maison. Les gelures et l'hypothermie sont les grands dangers lors des chutes de température. Enfin, si vous avez une cheminée, aménagez-la pour que votre animal ne risque pas de s'y brûler.

234 LES DANGERS DE L'HIVER

L'hiver est une source de plaisirs nombreux pour nos animaux domestiques : réunions de famille, voyages et, dans de nombreuses régions, des flocons de neige pour jouer. Cependant, on ne se rend pas toujours compte que la chute des températures est une réelle source de dangers pour nos animaux, dont voici les principaux.

LE SEL GEMME Si vous vivez sous un climat froid où l'hiver apporte neige et glace, vous connaissez bien le sel gemme : du chlorure de sodium mélangé à d'autres produits chimiques, qui permet de dégeler les routes et les trottoirs. Si ce mélange est efficace sur la glace, il risque d'endommager les coussinets des pattes des chiens et il peut même être très dangereux en cas d'ingestion. Si vous devez marchez sur des surfaces qui viennent d'être salées, achetez des petites bottes antidérapantes pour protéger les pattes de vos animaux.

LES SOURCES DE CHALEUR Les chiens peuvent aimer se reposer près d'un feu de cheminée et profiter de sa chaleur réconfortante, mais les flammes et les hautes températures sont des risques potentiels de brûlure. Attention aussi à l'utilisation de couvertures chauffantes et aux radiateurs électriques car ces dispositifs sont susceptibles de créer une chaleur trop forte pour vos animaux.

L'ANTIGEL Votre chien risque d'être attiré par l'antigel à cause de son goût sucré. Ce produit extrêmement toxique qui contient de l'éthylène glycol peut se trouver partout où des voitures passent et se garent, et jusque sur votre place de parking. S'il est ingéré, ce fluide vert fluorescent peut provoquer une défaillance rénale, voire la mort. Utilisé pour contrôler le point d'ébullition et de congélation des liquides, l'antigel est très dangereux l'hiver, et il le reste durant les mois chauds.

LES PLATS DE FÊTE Les viandes et sucreries que votre chien adore sont généralement dangereuses pour sa santé. La dinde et les autres viandes festives sont très riches en protéines, mais si votre chien n'en mange pas régulièrement, il pourrait avoir du mal à les digérer et risquerait vomissements, diarrhées ou inflammation du pancréas. Le chocolat est un danger bien connu pour les chiens car il contient de la caféine. Le foie des chiens ne sait pas métaboliser ce stimulant qui peut provoquer une montée de tension et une accélération cardiaque, des attaques ou un coma. Les sucreries, riches en sucre, peuvent causer des problèmes digestifs et dentaires à votre animal.

LES PLANTES D'HIVER Même si elles sont un plaisir pour les yeux, nombre de plantes d'hiver sont toxiques pour nos animaux. Poinsettia, gui, houx, lorsqu'ils sont ingérés, peuvent provoquer des troubles gastro-intestinaux, cardiovasculaires et neurologiques. Les sapins de Noël sont aussi dangereux car leurs aiguilles sont toxiques. De plus, les guirlandes et décorations de Noël peuvent être aussi très dangereuses en cas d'ingestion. Si vous aimez embellir votre sapin avec de belles guirlandes et d'autres décorations, il est conseillé de les placer en hauteur, hors d'atteinte pour votre animal.

235 EXPLORER LA NEIGE

Vous n'avez qu'à regarder votre chien s'amuser après une forte chute de neige pour avoir la certitude qu'il l'apprécie autant que le reste de la famille. De nombreux chiens sont équipés d'une double couche de fourrure pour affronter les rigueurs hivernales. Cependant, les chiens dotés d'un pelage peu épais ne réagissent pas bien au froid et risquent gelures et hypothermie, surtout lorsqu'il gèle et que le vent souffle avec force. Examinez les oreilles et les pattes de votre chien qui, si elles sont devenues froides, pâles et insensibles, seront les premiers signes de gelures.

236 PROTÉGER SON CHIEN EN ÉTÉ

Le soleil brille et c'est la fête pour les chiens et leurs maîtres qui passent plus de temps ensemble pendant les vacances. L'été présente aussi des risques spécifiques pour la santé et la sécurité de votre animal. Voici quelques-uns des principaux dangers auxquels il faudra faire attention.

PRÉVENIR LES COUPS DE SOLEIL Saviez-vous que les chiens peuvent attraper des coups de soleil sur la truffe ou les zones exposées de la peau ? Votre chien doit pouvoir se mettre à l'ombre l'été. Durant les journées particulièrement chaudes, utilisez une crème solaire faite pour lui.

EMPÊCHER LES COUPS DE CHALEUR L'été, ne laissez jamais votre chien dans la voiture. Même avec une fenêtre ouverte, il pourrait avoir un coup de chaleur, ce qui se manifeste par une salivation excessive et un halètement marqué, qui pourrait le tuer rapidement.

TESTER LE SOL Les surfaces chauffent en été et, parce que nous portons des chaussures, nous ne le remarquons pas. Posez la main par terre : si c'est trop chaud pour vous, cela le sera aussi pour votre chien. Ses petites bottes ne seront donc pas utiles uniquement en hiver !

ÉVITER LA DÉSHYDRATATION Durant les chaudes journées d'été, les chiens boivent plus que d'habitude. Gardez un œil sur son bol d'eau que vous remplirez régulièrement. Si votre chien reste dehors, ne placez pas son bol en plein soleil où l'eau chauffera et s'évaporera très vite.

ATTENTION AUX DANGERS DES PIQUE-NIQUES L'été est synonyme de barbecues et de pique-niques. Cependant, ces repas et les activités qu'on y associe peuvent représenter un danger pour votre chien. Laissez-le à l'intérieur ou, au moins, loin des flammes et de la nourriture.

VAINCRE LES INSECTES N'oubliez pas que les tiques, puces et autres parasites sont répandus en été. Guettez tout signe d'infestation pendant le toilettage de votre chien et demandez à votre vétérinaire des traitements locaux afin de le protéger le plus efficacement possible.

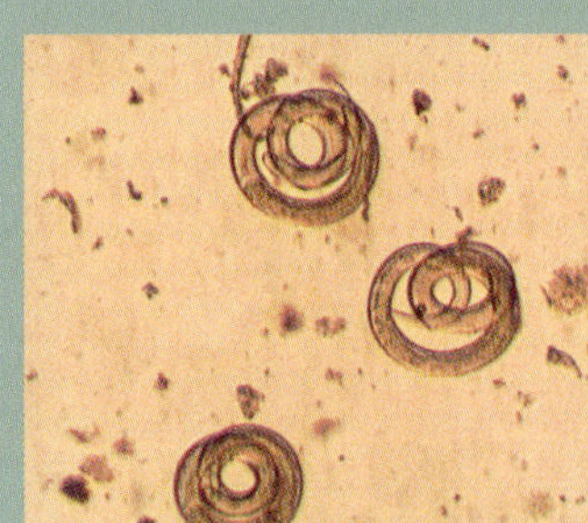

237 PRÉVENIR LES DANGERS DU BARBECUE

Avant votre prochain barbecue, familiarisez-vous avec les dangers présentés ci-dessous. Une fois que vous en aurez conscience, vous préférerez peut-être laisser votre chien dans la maison, du moins dans un espace fermé, ou en laisse, le plus loin possible des feux, de la nourriture et des allume-feux liquides.

ALIMENTS DANGEREUX Les barbecues et les pique-niques regorgent d'aliments potentiellement dangereux pour votre chien. La plupart des plats que l'on cuisine ne sont pas digestes pour les animaux. Les mets trop riches en graisses, qui sont le lot des barbecues, peuvent déclencher des pancréatites.

SES IRRÉSISTIBLES YEUX DOUX Même si vous ne nourrissez pas votre chien des plats du barbecue, rien ne garantit que vos invités savent résister à ses yeux doux. Même si vous leur interdisez de nourrir votre chien et que vos invités obtempèrent, votre animal pourrait bien se délecter de quelque mets en sautant sur la table ou en trouvant tout simplement son bonheur par terre.

RESTES MORTELS Une fois le repas terminé, il y a souvent des restes par terre et dans la poubelle. Il peut s'agir d'os cuits, potentiellement dangereux s'ils se fragmentent sous les crocs de votre chien en formant de dangereuses esquilles. La poubelle peut contenir des aliments et des emballages nocifs pour votre chien. Assurez-vous qu'il reste à l'écart d'un tel environnement.

ALLUME-FEUX ET FLAMMES La nourriture n'est pas le seul élément à surveiller. L'allume-feux liquide est dangereux car hautement inflammable et très toxique en cas d'ingestion. Le feu est potentiellement dangereux pour votre chien, s'il saute dessus ou agite la queue à proximité. Le feu sur lequel cuisent des mets appétissants est doublement attirant pour un chien.

INSECTICIDES Les insecticides faits pour les humains peuvent être dangereux s'ils sont ingérés par votre chien. Conservez-les dans un placard fermé. Ne jamais utiliser votre insecticide sur le pelage de votre animal d'autant qu'il cherchera sans doute à s'en débarrasser en le léchant, risquant alors une intoxication.

238 FAIRE FACE À LA PEUR DE L'ORAGE

Votre chien tremble-t-il lorsqu'il entend au loin le bruit du tonnerre ? Plonge-t-il sous le lit ou dans la baignoire (oui, cela arrive !) en essayant d'échapper à l'attaque du tonnerre et de la foudre ? Certains chiens paniquent totalement en tentant d'échapper à ce bruit abominable et risquent de se blesser. D'autres ne se contrôlent plus et font leurs besoins n'importe où. Soyez préparé et compréhensif. On dit que les chiens sentent un orage approcher du fait de la chute rapide de la pression atmosphérique et qu'ils commencent à montrer des signes d'inquiétude bien avant d'entendre le tonnerre. Mais voilà la bonne nouvelle : si les orages effraient votre chien, il peut apprendre à contrôler ses réactions et à se calmer malgré le bruit et les flashs de lumière. Voici cinq conseils qui permettront à votre chien d'affronter les orages en toute sécurité.

1 Rien de nouveau ici, mais il est utile de le répéter : assurez-vous que votre chien porte sa plaque d'identification attachée à son collier au cas où un éclair lui fasse franchir la porte d'un bond. S'il n'a pas encore de puce électronique, c'est le moment d'y penser. Si c'est le cas, assurez-vous que les informations sont toujours valables.

2 Si votre chien passe beaucoup de temps dehors, faites-le rentrer. Les chiens restés dehors pendant l'orage ont plus de probabilités de se perdre ou de se blesser s'ils fuient précipitamment. Une fois qu'il est à l'intérieur, fermez les fenêtres et tirez les rideaux pour atténuer le bruit et dissimuler les éclairs.

3 Aménagez un espace paisible où votre chien se sentira en sécurité. C'est un de ces moments où il peut être très avantageux de recourir à une caisse de transport, d'autant plus que certains chiens réagissent à la peur en mâchonnant le mobilier ou en manifestant d'autres comportements involontairement destructeurs.

4 Restez calme et vaquez à vos occupations ! Les chiens sentent la peur et, si vous paniquez, ils ont tendance à faire de même. Jouez avec votre chien ou organisez une séance de toilettage. La musique peut aussi l'aider à se calmer. Même s'il est tentant d'utiliser des mots doux, les spécialistes pensent que ces mots qui résonnent comme des compliments risquent d'accroître l'agitation de votre animal.

5 Éloignez votre chien des portes menant à l'extérieur car il pourrait bondir si l'une d'elles s'ouvrait. Non seulement votre chien risquerait de se perdre ou de se faire du mal, mais il pourrait également bousculer et blesser la personne qui vient d'entrer.

242 CHOISIR UNE PENSION POUR CHIENS À L'AVANCE

Si vous optez pour la pension canine, demandez à vos amis, à votre vétérinaire ou à votre refuge local de vous donner des adresses. Vous pouvez aussi faire des recherches sur Internet, mais il est important de vous y prendre à l'avance afin d'avoir le temps de faire votre choix et d'y amener à plusieurs reprises votre chien pour qu'il s'habitue au lieu et aux personnes. La plupart des pensions vous demanderont la preuve qu'il est à jour dans ses vaccinations. Cette demande ne devra pas vous faire reculer mais, au contraire, vous rassurer sur le sérieux de la pension canine choisie en ce qui concerne le bien-être de votre animal et de tous les autres pensionnaires.

CE QU'IL FAUT VÉRIFIER AVANT D'OPTER POUR UNE PENSION CANINE

❑ **CERTIFICAT DE CAPACITÉ** Assurez-vous que la pension bénéficie d'une licence ou d'une certification prouvant qu'elle répond à toutes les exigences en la matière.

❑ **HYGIÈNE** Demandez à visiter les lieux où vivra votre chien afin de vous assurer de la propreté de l'endroit. Votre chien bénéficiera-t-il aussi de bains et de soins de toilettage ?

❑ **CONFORT** Une température confortable est-elle constamment maintenue ? La luminosité et l'aération sont-elles satisfaisantes ? Les matelas sont-ils propres et confortables ?

❑ **EXERCICES** Les exercices prévus correspondent-ils aux besoins de votre chien ? Les zones dédiées aux jeux sont-elles bien protégées des intempéries ?

❑ **PERSONNEL** Le personnel semble-t-il professionnel et sympathique ? Votre chien réagit-il de manière positive lorsque vous le lui présentez ? Informez-les des peurs éventuelles de votre animal.

❑ **VACCINATIONS** Tous les chiens reçus doivent-ils être à jour de leurs vaccinations ? La pension est-elle associée à un vétérinaire ? Celui-ci vient-il quotidiennement ?

❑ **ALIMENTATION** Vérifiez combien de repas par jour sont donnés et assurez-vous de pouvoir fournir la nourriture servie à votre animal.

❑ **CONTACTS** Donnez toutes les informations nécessaires concernant les éventuels médicaments de votre animal, le numéro du vétérinaire ainsi que les numéros auxquels on peut vous joindre (vous ainsi qu'un ami ou un membre de la famille) en cas d'urgence.

❑ **INTERNET** Faites des recherches sur Internet : attention cependant à ce que les témoignages soient réels et non fabriqués pour attirer les clients.

243

CALMER SON CHIEN DURANT LES FESTIVITÉS

Ce n'est pas un hasard si, les jours de fête, les refuges recueillent un nombre important d'animaux. Les feux d'artifice peuvent pousser des chiens pourtant calmes à s'enfuir soudainement. Anticiper ces événements vous évitera bien des peines. Vérifiez bien le collier et la plaque d'identification de votre chien et, si nécessaire, mettez à jour les informations de sa puce. Cela étant fait, suivez les conseils suivants afin d'aider votre chien durant les fêtes.

FAIRE RENTRER SON CHIEN Même s'il se plait dehors d'habitude et qu'il n'y a jamais eu de problème, vous ne pouvez jamais prévoir le moment où quelqu'un va lancer des pétards à proximité de votre chien et lui faire si peur qu'il s'enfuira à toute vitesse, franchissant la barrière qui l'avait protégé jusqu'alors.

NE PAS EMMENER SON CHIEN Votre chien est plus en sécurité à la maison, ne l'emmenez pas aux fêtes et feux d'artifice. Si vous avez des invités, enfermez l'animal dans une pièce ou dans sa caisse et demandez qu'on ne le laisse pas sortir, quoiqu'il arrive.

FERMER LES PORTES ET FENÊTRES Des animaux effrayés sont capables de pousser les portes ou de passer à travers des fenêtres et des stores. Fermez toutes les portes donnant sur l'extérieur et n'oubliez pas que les animaux peuvent rester stressés plusieurs heures après la fin des célébrations. Si vous le pouvez, ne laissez pas votre animal dans une pièce dotée d'une porte pouvant s'ouvrir sur l'extérieur.

ALLUMER LA TÉLÉVISION Utilisez la télévision ou de la musique pour assourdir les bruits extérieurs. Des musiques relaxantes spécialement destinées aux animaux domestiques pourront être d'une grande aide.

IGNORER LA PEUR Laissez votre animal se cacher s'il a peur, mais ne lui prêtez pas une attention particulière. Il ne faudrait pas récompenser sans le vouloir un comportement de peur, et donc le renforcer. Ignorez aussi votre propre peur. Une attitude calme pourra aider votre animal.

DONNER UNE FRIANDISE SPÉCIALE Donnez à votre animal une friandise ou un jouet rempli de petites gâteries. Certains chiens auront trop peur pour manger, mais cela les distraira et les aidera à se calmer.

FAIRE DE L'EXERCICE Cela permet d'évacuer le stress. Les exercices quotidiens sont donc très utiles. Si vous savez que la soirée va être bruyante, faites faire une longue promenade l'après-midi à votre chien pour qu'il soit bien fatigué.

CONSULTER Si votre chien devient fou en entendant des feux d'artifice, parlez-en à votre vétérinaire qui pourra vous donner un traitement.

244 RETROUVER SON CHIEN

Aucun propriétaire digne de ce nom ne peut imaginer que son chien se perde un jour lors d'une sortie mais, malheureusement, cela arrive. Il est essentiel de réagir rapidement et, aussi impossible que cela paraisse, de ne pas paniquer. Restez donc calme mais agissez vite. À chaque minute qui passe, votre chien peut être en danger ou blessé. Et n'imaginez pas qu'il reviendra tout seul.

RALLIER LES TROUPES Si votre chien s'est perdu dans le voisinage, partez le chercher en l'appelant. Appelez amis et voisins à la rescousse et demandez à tous les passants s'ils ont vu votre animal. Pour commencer, mieux vaut le chercher à pied ou à bicyclette car vous pourrez tout à la fois l'appeler et interroger autant de gens que possible. Si cela ne donne rien, frappez chez les voisins et informez-les de la disparition de votre chien. Peut-être quelqu'un l'a-t-il déjà trouvé et ramené chez lui avant de se lancer à votre recherche.

TÉLÉPHONER Téléphonez aux vétérinaires et aux refuges pour animaux des environs et donnez-leur une description précise de votre chien au cas où ils seraient contactés avec des informations sur un animal errant ou blessé qui correspondrait à cette description. En effet, les cliniques vétérinaires et les refuges sont les deux endroits les plus communément contactés par des personnes qui trouvent un animal perdu, errant ou blessé.

LANCER UN AVIS DE RECHERCHE Préparez un avis de recherche comprenant le nom et une brève description de votre animal. Précisez le lieu et l'heure où il a été perdu. Ajoutez votre nom et votre numéro de téléphone. Offrez une récompense : la somme n'a pas besoin d'être élevée, mais ce mot pourra attirer le regard sur votre affichette. Placez les avis de recherche dans la zone où le chien a été perdu, dans les boutiques spécialisées, les cliniques vétérinaires, les boulangeries et tous les endroits où ils auront des chances d'être lus. Lorsque vous placez les avis à l'extérieur, sur des arbres et des lampadaires, couvrez-les d'une pellicule ou d'une pochette transparente pour les protéger des intempéries.

UTILISER LES JOURNAUX LOCAUX Faites passer une annonce (dans la rubrique des objets trouvés, par exemple) dans le journal local. Vérifiez toutes les annonces liées à des chiens retrouvés. Rendez-vous sur Internet : des sites existent pour réunir des familles avec leurs animaux perdus.

L'ANTICIPATION EST ESSENTIELLE !

PUCE Si votre chien n'a pas encore de puce, il est important de lui en faire mettre une. S'il en a déjà une, vérifiez que les informations présentes dessus sont bien à jour.

COLLIER ET PLAQUE D'IDENTIFICATION Assurez-vous que les informations gravées sur le collier et la plaque sont à jour et bien lisibles.

PHOTOS S'il se perd, vous aurez besoin d'une photo à mettre sur votre avis de recherche. Ayez toujours sous la main une bonne photo de votre animal.

GPS Il est aussi possible d'équiper votre animal d'un collier GPS qui fonctionne avec une carte SIM et transmet ses coordonnées par SMS à votre téléphone portable.

245

RÉAGIR FACE À UNE MORSURE

Si votre chien est attaqué ou se bat avec des congénères, vérifiez s'il a été mordu. Les perforations et morsures seront souvent visibles, mais les dommages causés aux tissus mous, sous la peau, peuvent ne pas être immédiatement apparents. Utilisez des ciseaux pour couper délicatement les poils autour de la zone blessée et baignez-la avec de l'eau chaude contenant un désinfectant doux. Appliquez un peu de vaseline pour atténuer l'irritation. Même en présence d'une blessure apparemment sans gravité, il vaut mieux voir le vétérinaire, qui prescrira peut-être des antibiotiques pour prévenir toute infection.
Si votre chien présente de sérieuses coupures, il vous dira si quelques points de suture sont nécessaires.

246 TRAITER UNE PIQÛRE D'INSECTE

Les chiens peuvent se montrer parfois un peu trop curieux. Ils aiment chasser toutes sortes de choses, insectes compris. Les piqûres d'insectes produisent des irritations de courte durée et un léger gonflement de la zone affectée. Mais si votre chien a une réaction allergique, s'il est piqué à de nombreuses reprises ou que la piqûre a lieu dans la gueule ou la gorge, il existe un danger potentiellement mortel et une visite urgente chez le vétérinaire s'impose.

LES PIQÛRES D'ABEILLES Le dard de l'abeille est doté de barbes qui le fixent dans la peau. Si possible, utilisez une loupe pour le localiser et retirez-le avec une pince à épiler. Appliquez une crème antiseptique ou des glaçons pour réduire le gonflement.

LES PIQÛRES DE GUÊPES Le dard de la guêpe est lisse, mais plus douloureux que celui de l'abeille. Énervée, une guêpe peut piquer à plusieurs reprises. Appliquez un mélange d'eau et de bicarbonate de soude pour réduire la douleur. Surveillez attentivement d'éventuels signes de réaction allergique.

LA RÉACTION ALLERGIQUE Si un chien est piqué à de multiples reprises ou s'il est allergique, il peut développer une réaction. Voici les signes d'alerte : notable gonflement à l'endroit des piqûres, léthargie, difficultés respiratoires.

247 SAVOIR GÉRER LA RENCONTRE AVEC UN CRAPAUD

Les crapauds sont de petites bêtes qui aiment qu'on les laisse tranquilles. S'ils se sentent menacés, leur peau sécrète des toxines. Certains crapauds sont capables de projeter la substance secrétée à 2 mètres de distance. Le contact ou l'ingestion de ces toxines peuvent être graves pour votre chien. Les signes d'alerte sont la salivation et des vomissements. Dans le pire des cas, l'absorption de ces sécrétions peut entraîner des convulsions et un arrêt cardiaque.

AGIR RAPIDEMENT Vous pouvez contrôler la situation en agissant rapidement : nettoyez la cavité buccale de votre chien et tous les autres points entrés en contact avec la substance toxique (lèvres, yeux, pattes, etc.). Si vous avez une source d'eau à proximité, rincez la cavité buccale de votre animal, mais interdisez-lui de boire cette eau. Si possible, prenez une photo du crapaud au cas où il serait utile pour le vétérinaire de l'identifier, si votre chien manifestait des signes de malaise ou d'irritation.

248 DEUX TROUSSES DE SECOURS

Ayez deux trousses de premiers secours pour votre chien : vous en garderez une dans la maison et mettrez l'autre dans la voiture. Dans chaque trousse, vous aurez pris soin de mettre une paire de ciseaux, un thermomètre, de la crème antiseptique, du coton et des pansements de différentes tailles. Il est cependant important de ne jamais oublier que perdre du temps sur des premiers soins trop zélés peut faire plus de mal que de bien si l'affaire est grave et urgente. Aussi, contactez immédiatement votre vétérinaire si vous avez des doutes sur la gravité d'un état ou d'une blessure.

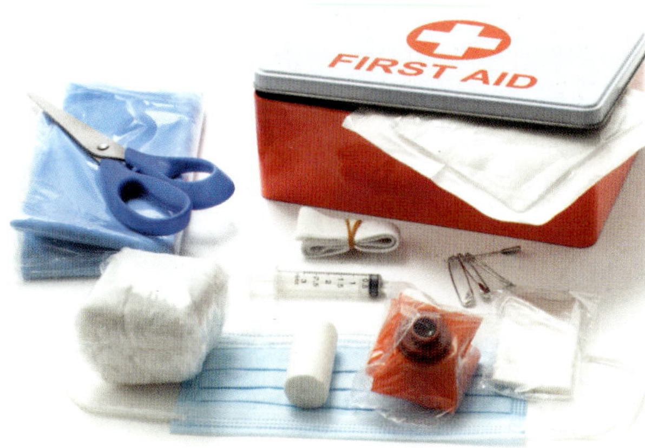

249 RECONNAÎTRE LES SIGNES D'UN PROBLÈME DE SANTÉ

L'incapacité du chien à s'exprimer quand quelque chose ne va pas est l'une des plus grandes difficultés auxquelles son maître peut être confronté. Un enfant peut préciser s'il a mal à la tête ou à l'estomac, mais un chien souffre bien souvent en silence.

Il existe cependant des signes qui indiquent que votre animal est malade ou blessé. Certains sont clairs, lorsqu'il boite ou vomit ; d'autres sont plus subtils, lorsqu'il est léthargique ou manque d'appétit. Voici quelques signes à repérer pour réagir de manière appropriée.

SYMPTÔME	RÉACTION
PERTE D'APPÉTIT Votre chien ne mange pas les quantités habituelles, voire pas du tout. Comme vous, il peut attraper des virus ou ne pas être en forme. Mais contrairement à vous, il ne se plaint pas. Si votre animal se désintéresse soudain de la nourriture, cela doit éveiller votre attention.	S'il s'agit de nourriture humide, elle va sécher ou tourner, il faut donc l'enlever. Votre chien peut très bien se rattraper quelques heures plus tard. Il est aussi possible que le plat servi ne soit pas bon : proposez-en un autre. Si, le lendemain, votre chien ne mange toujours pas, prenez rendez-vous chez le vétérinaire.
VOMISSEMENT Même si les vomissements ne sont pas rares chez les chiens, cela ne doit pas se produire souvent ni à répétition. Parfois, votre chien a simplement mangé trop vite ou grignoté quelque chose qui ne passe pas.	Vérifiez que votre chien n'a pas eu accès à une substance toxique (herbicide, insecticide, produits ménagers). Si votre chien déborde d'énergie après avoir vomi, proposez-lui de la nourriture quelques heures plus tard. S'il vomit plus d'une fois, semble manquer d'énergie ou souffrir, appelez immédiatement le vétérinaire.
SOIF EXCESSIVE Le bol d'eau de votre chien doit toujours être accessible et plein. Remplissez-vous le bol plus souvent que d'habitude ? Si votre chien boit une quantité d'eau inhabituelle (sans que la journée soit chaude ou qu'il ait fait beaucoup d'exercice), cela peut être révélateur d'un problème.	Le fait de boire de grandes quantités d'eau sans raison apparente peut être un signe de problème rénal, hépatique ou d'un dysfonctionnement de l'hypophyse. Prenez rendez-vous chez votre vétérinaire qui fera des examens permettant de déterminer la nature du problème.
FATIGUE ET LÉTHARGIE Les chiens, comme les humains, peuvent être en petite forme. Cependant, si votre compagnon d'habitude très actif est léthargique et manque d'énergie, cela pourrait être le signe d'un problème sanguin ou cardiaque.	Si le manque d'énergie ne passe pas dans les 24 heures, prenez rendez-vous chez le vétérinaire, qui vérifiera s'il y a des signes d'anémie, d'infestation de vers, de problème cardiaque, etc. pouvant expliquer la léthargie. On vous recommandera peut-être un changement d'alimentation ou un traitement drastique selon le diagnostic.
CLAUDICATION Si vous notez que votre chien boite ou marche bizarrement, il peut s'agir d'une blessure externe sans gravité ou d'un problème interne affectant les muscles, les os ou les tendons. Les chiots tendent à se blesser, alors que l'arthrite est répandue chez certains types de chiens lorsqu'ils vieillissent.	Examinez la patte concernée pour voir si quelque chose ne s'est pas logé dans les coussinets ou entre les doigts. Si vous ne voyez rien ou que le corps étranger est difficile à retirer, adressez-vous à un vétérinaire. Celui-ci cherchera des signes de blessures. S'il n'y a rien de visible, il s'agit peut-être d'un problème d'articulation, de tendon ou bien d'arthrite.
GÉMISSEMENTS OU PLEURS Bien que les chiens soient incapables de préciser la nature de leur problème, lorsqu'ils ne vont pas bien ils peuvent gémir ou pleurer. Le chien couine et pleure quand il sait que vous allez partir ou quand il est dehors et veut rentrer. Mais que faire si vous ne voyez pas de raison à ses plaintes ?	S'il n'y a apparemment pas de raison, votre chien pleure peut-être parce qu'il souffre. Il s'agit d'une urgence qui exige une visite immédiate chez le vétérinaire. Les chiens ne montrent généralement pas qu'ils souffrent. S'ils le font, c'est que quelque chose de sérieux ne va pas et que cela nécessite une intervention médicale immédiate.

QUESTION AU VÉTÉRINAIRE

MON CHIEN MANGE L'HERBE, EST-CE UN PROBLÈME ?

Les chiots mâchonnent n'importe quoi, herbe incluse. Et certains adultes semblent prendre plaisir à mâchouiller de l'herbe à la moindre occasion. Cependant, si votre chien ne le fait qu'exceptionnellement, cela peut marquer un problème digestif qu'il tente ainsi de résoudre lui-même (l'herbe l'aide en effet à vomir). Si votre chien semble apathique et manque d'appétit, consultez votre vétérinaire.

250 SOIGNER SON CHIEN

Les chiens se remettent plus facilement s'ils sont soignés par des gens qu'ils aiment dans un environnement familier. Il faudra cependant suivre les prescriptions de votre vétérinaire à la lettre si votre chien fait sa convalescence chez vous. Donnez-lui ses médicaments aux horaires prévus et respectez son régime alimentaire, s'il est restrictif. Assurez-vous que son bol soit toujours rempli d'eau fraîche et, si votre animal semble n'avoir guère envie de boire, utilisez une seringue, que vous placerez sur le côté de sa gueule, pour lui donner de l'eau. La température de votre chien peut chuter quand il est malade. Assurez-vous qu'il ait un matelas confortable, propre et ajoutez éventuellement une bouillote pour le réchauffer. Assurez-vous que votre chien ait accès à la zone où il fait ses besoins et portez-le jusque-là si nécessaire. Faites en sorte que votre chien ne soit pas dérangé par des enfants qui pourraient ne pas comprendre qu'il est malade. Si, pour une raison quelconque, vous ne pouviez suivre les instructions du vétérinaire, il vaut mieux demander l'hospitalisation de votre animal jusqu'à ce qu'il soit totalement rétabli.

251 LUI DONNER DES MÉDICAMENTS

Si le vétérinaire a prescrit des médicaments à votre chien, il faut les lui donner aux horaires prévus. Demandez à votre vétérinaire de vous montrer comment faire, d'une part pour faire prendre son médicament à votre chien et d'autre part pour vérifier s'il l'a bien avalé. L'enjeu consiste à faire prendre les médicaments à votre animal sans qu'il ne les mâche ou les recrache.

OUVRIR GRAND Placez votre pouce et votre index gauche sur le museau de votre chien à l'arrière de ses lèvres et pincez délicatement mais fermement pour ouvrir sa cavité buccale.

INTRODUIRE LE MÉDICAMENT Avec la main droite, placez le médicament aussi loin que possible sur la langue de votre chien, mais en position centrale afin qu'il ne puisse le mâcher.

FAIRE AVALER LA PILULE De la main gauche, maintenez sa gueule fermée et, de la droite, caressez sa gorge dans un mouvement descendant afin d'encourager votre chien à se détendre et à avaler. S'il se lèche les babines, vous avez l'assurance qu'il a avalé le médicament. N'oubliez pas de le féliciter à chaque fois.

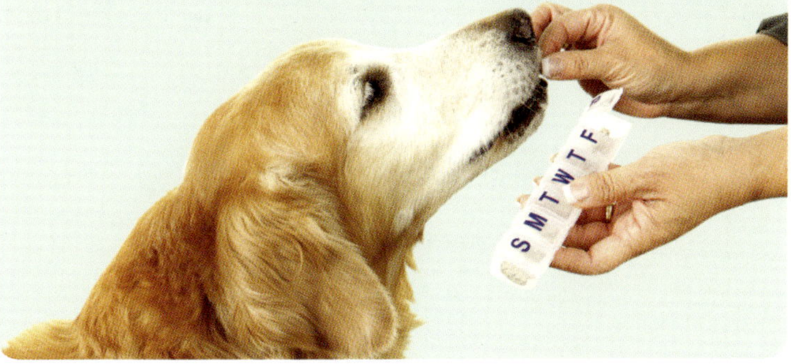

252 VOIR LES MARQUES DE VIEILLESSE

Les chiens ne vivent pas aussi longtemps que les humains, il est donc vraisemblable que votre chien mourra avant vous. Il est important de reconnaître les marques de vieillissement et de savoir comment aider votre chien à rester en forme durant sa vieillesse. Comme les gens, les chiens ont des espérances de vie. De manière générale, les petits chiens de moins de 9 kilos ont une espérance de vie de 15 ans, chez les chiens pesant entre 10 et 40 kilos, elle est de 11 ans et descend à 8 ans chez les chiens de plus de 40 kilos. Il est important de noter l'apparition de signes de vieillissement chez votre chien. On ne voit pas toujours les changements qui sont imperceptibles au jour le jour, et c'est parfois la remarque d'une personne qui ne voit le chien qu'occasionnellement qui vous fera prendre conscience de la chose.

RALENTISSEMENT

Même si nous refusons de l'admettre nous vieillissons tous et les chiens, tout comme les hommes, ont besoin de soins particuliers en vieillissant. Ils peuvent développer des maladies et même un senior en pleine forme pourra souffrir d'une arthrite qui modifiera de nombreuses facettes de sa routine quotidienne. Les chiens peuvent avoir des poils blancs qui se mettent à parsemer leur visage lorsqu'ils vieillissent. Ils continuent à bien manger, mais un peu moins. Ils courent et sautent sans doute moins qu'avant, passant plus de temps à dormir. Tous ces changements sont normaux et c'est à vous de modifier la routine de votre chien pour les prendre en compte.

253 CHANGER LA ROUTINE DE VOTRE CHIEN ÂGÉ

En vieillissant, le chien a des douleurs articulaires et perd du muscle. Ayez conscience de ces changements si votre chien est actif. Peut-être vous a-t-il toujours accompagné lorsque vous couriez et démontre désormais beaucoup moins d'enthousiasme. Peut-être reste-t-il loin derrière vous durant les courses et ne peut-il plus jouer pendant des heures. Il est important de voir ces changements et de modifier la routine qui sera basée sur ce que le chien peut et veut faire.

ALIMENTATION Les chiens âgés n'ont pas besoin d'autant de protéines que les jeunes. De plus, les changements de leur système digestif exigent des modifications alimentaires. Consultez votre vétérinaire pour savoir quand passer à une alimentation plus adaptée.

TOILETTAGE Peut-être faudra-t-il investir dans une brosse plus douce car le pelage de votre chien est plus fin qu'auparavant. Le toilettage est plus important que jamais car un chien âgé a plus de difficultés à se nettoyer et tend à le faire moins bien. De plus, vous devez faire particulièrement attention aux grosseurs qui peuvent être les signes de cancers ou à d'autres maladies liées à l'âge.

HYGIÈNE Vérifiez les gencives de votre chien, plus sujettes aux infections quand il prend de l'âge. Enlevez le mucus de ses yeux à l'aide d'un coton humide et contrôlez la présence de cire dans ses oreilles afin d'éviter de douloureuses infections. Faites en sorte que les poils situés sous la queue soient bien soignés lorsque votre chien ne pourra plus se nettoyer efficacement à cet endroit.

CRÉDITS PHOTOGRAPHIQUES

Avec l'aimable autorisation de *Shutterstock Images*, et : introduction *adopt-a-pet.com* (photos de David et Abbie), *Megan Baggott* (photo de Pia) | Signes de la main durant l'apprentissage *Damien Moore et Eve Moore* | 204 *www.luckydogsdiydogwash.com*.

Illustrations : *Philippa Baile* 43 | *Andy Crisp* 36, 45, 55, 180, 196, 217, 229 | *Raymond Larrett* 37, 60 | *Paula Rogers* 57, 65.